temas
transversais

CB001079

E D I T O R A
intersaberes

temas transversais

como utilizá-los na prática educativa?

Laura Monte Serrat Barbosa

EDITORA intersaberes

Av. Vicente Machado, 317 . 14º andar
Centro . CEP 80420-010 . Curitiba . PR . Brasil
Fone: (41) 2103-7306
www.editoraintersaberes.com.br
editora@editoraintersaberes.com.br

Conselho editorial	Dr. Ivo José Both (presidente) Drª. Elena Godoy Dr. Nelson Luís Dias Dr. Ulf Gregor Baranow	Informamos que é de inteira responsabilidade da autora a emissão de conceitos.
Editor-chefe	Lindsay Azambuja	Nenhuma parte desta publicação poderá ser reproduzida por qualquer meio ou forma sem a prévia autorização da Editora InterSaberes. A violação dos direitos autorais é crime estabelecido na Lei nº 9.610/1998 e punido pelo art. 184 do Código Penal.
Editor-assistente	Ariadne Nunes Wenger	
Editor de arte	Raphael Bernadelli	
Análise de informação	Ariadne Nunes Wenger	
Revisão de texto	Monique Gonçalves	
Capa	Denis Kaio Tanaami	
Projeto gráfico	Bruno Palma e Silva	
Diagramação	Mauro Bruno Pinto	

Dados Internacionais de Catalogação na Publicação (CIP)
(Câmara Brasileira do Livro, SP, Brasil)

Barbosa, Laura Monte Serrat
   Temas tranversais: como utilizá-los na prática educativa? / Laura Monte Serrat Barbosa. – Curitiba: InterSaberes, 2013.
   Bibliografia.
   ISBN 978-85-8212-622-6

   1. Abordagem interdisciplinar do conhecimento na educação
2. Professores – Formação I. Título.

12-10214   CDD-370.71

Índice para catálogo sistemático:
1. Práticas educativas: Formação docente: Educação   370.71

Foi feito o depósito legal.
1ª edição, 2013.

sumário

Apresentação, 7

Introdução, 9

1 Refletindo sobre os temas transversais a partir da curiosidade, 15

Despertando a curiosidade do aluno para a aprendizagem, 17 |
O papel da pergunta no surgimento da curiosidade e na organização do trabalho a ser desenvolvido, 18 | O uso de materiais na organização da aprendizagem dos temas transversais, 23

2 Revisitando os temas transversais de 1997 e fazendo novas reflexões, 31

Ética, 33 | Pluralidade cultural, 54 | Meio ambiente, 66 |
Saúde, 76 | Orientação sexual, 84 | Trabalho e consumo, 94
| Temas locais, 100

3 Temas transversais e educação especial, 113

Utilização do tema transversal no trabalho com alunos com necessidades educacionais especiais, 115 | Educação especial como tema transversal, 118 | Inclusão ou educação para a diversidade?, 128

Considerações finais, 135

Referências, 137

Gabarito, 141

apresentação

Um material sobre temas transversais, em pleno 2008, 11 anos depois do lançamento dessa ideia pelos Parâmetros Curriculares Nacionais (PCN), mostra-nos o quanto esse assunto é mais do que uma simples "moda educacional". Os temas transversais auxiliam o professor a dar flexibilidade ao seu ensino e a contextualizar sua disciplina nos âmbitos histórico, geográfico, político e cultural, possibilitando, assim, o exercício da interdisciplinaridade, tão falada nos últimos tempos.

Se considerarmos as disciplinas escolares como avenidas paralelas a serem transcorridas ao longo do percurso de oito anos do ensino fundamental, podemos constatar o quanto, durante muito tempo, elas foram percorridas como espaços completamente desligados uns dos outros, com pouquíssimas comunicações entre eles.

Esta é a função da disciplina e do pensamento disciplinar: estudar a fundo um conhecimento específico, mostrá-lo em detalhes e tornar o aprendiz um conhecedor do assunto. Esse tipo de pensamento, nos dias atuais, mergulhado numa dinâmica complexa, só tem sentido se tal aprofundamento tiver relação com outros e com a vida. As disciplinas precisam se relacionar umas às outras, ao mesmo tempo em que precisam fazer sentido para que o aprendiz possa inserir-se na realidade e agir sobre ela.

Os temas transversais vêm possibilitar um trânsito entre essas avenidas, aparentemente desligadas umas das outras. São temas destacados da realidade social que, ao serem tratados, atravessam essas avenidas, como ruas transversais, produzindo encontros importantes entre a disciplina e a vida real, concreta e dinâmica.

Portanto, os temas transversais são ingredientes extremamente necessários ao processo de ensino/aprendizagem do ensino fundamental, médio e superior, oferecido às pessoas com ou sem necessidades educativas especiais.

No capítulo 3, trataremos desse assunto no contexto da educação especial, considerando alunos que fazem parte do ensino fundamental, mais especificamente aqueles que estão em suas séries iniciais.

Minha experiência como educadora de educação regular, educação especial e educação alternativa em outros espaços ajudou-me a acreditar, cada vez mais, na eficiência de temas atuais, polêmicos, vivenciais, utilizados no processo de ensinar e aprender, pois tais temas trazem para a escola a possibilidade de dar significado às disciplinas ali ensinadas.

Quando falo em "dar significado", não estou me referindo apenas a auxiliar na compreensão das disciplinas, mas a ampliar a visão e instrumentar o aprendiz, para que a disciplina escolar tenha uma função social. E, nesse caso, ser significativa implica em servir como instrumento de mudança das pessoas e da sociedade.

Espero que a reflexão sobre temas transversais possa auxiliar, também, na aprendizagem do professor sobre uma forma possível de realizar sua prática educativa, levando em consideração a diversidade no processo que tem recebido o nome de *educação inclusiva*.

introdução

Prezado leitor, depois de 11 anos da instituição dos temas transversais pelos Parâmetros Curriculares Nacionais (PCN), pretendo fazer, junto de vocês, uma reflexão sobre sua função numa escola que se propõe, já no século XXI, a estabelecer pontes entre o conhecimento escolar e o conhecimento social, assim como fazer ensino/aprendizagem de forma a atender a diversidade humana. Vamos pensar sobre a escola que procura se apropriar de um saber que tem como função garantir direitos iguais aos seres humanos, independente de sexo, cor, raça, religião ou qualquer outra diferença que possa tornar-se objeto de preconceito e que possa servir para valorizar ou desvalorizar seres humanos.

Os PCN foram criados com o foco na formação da cidadania, acreditando que o principal aspecto da formação de uma pessoa é a sua capacidade de humanizar-se e de participar efetivamente da ação social. Nesse sentido, tanto a questão dos valores quanto a do conhecimento devem ser abordadas em conjunto, para que sejam acessíveis à população.

Embora saibamos que a escola não é a única responsável por uma mudança estrutural na questão do ensinar/aprender, acreditamos que ela precisa compor-se de mudanças verdadeiras, que não se pronunciem somente em um discurso bonito.

> A escola não muda a sociedade, mas pode, partilhando esse projeto com segmentos sociais que assumem os princípios democráticos, articulando-se a eles, constituir-se não apenas como espaço de reprodução, mas também como espaço de transformação. [...] A eleição de conteúdos, por exemplo, ao incluir questões que possibilitem a compreensão e a crítica da realidade, ao invés de tratá-los como dados abstratos a serem aprendidos apenas para 'passar de ano', oferece aos alunos a oportunidade de se apropriarem deles como instrumentos para refletir e mudar sua própria vida. (Brasil, 1997a, p. 26)

Dessa forma, os PCN incluem questões sociais no currículo escolar que poderão ser contextualizadas segundo a realidade de cada localidade. Muitas dessas questões já vinham sendo discutidas nas disciplinas ligadas às ciências sociais e naturais; porém, a caracterização como temas transversais pôde ampliar a discussão para o trabalho didático com qualquer outra disciplina: Língua Portuguesa, Matemática, Educação Física, Educação Artística e outras.

Como o Brasil é muito grande, com muitas culturas e problemáticas diferenciadas, os temas escolhidos precisavam atender problemas reais surgidos em todas as regiões brasileiras, abrangendo as suas necessidades; garantir a possibilidade de serem ensinados e aprendidos ao mesmo tempo em que favorecem o desenvolvimento de uma visão crítica do aprendiz a respeito do que existe, do que vive e presencia, para que possa intervir na realidade em que vive. Além disso, seus organizadores deixaram um espaço para que outros temas fossem escolhidos e pudessem atender às necessidades específicas de cada localidade.

O uso dos temas transversais é uma forma de garantir a interdisciplinaridade no ensino/aprendizagem e de possibilitar que o aprendiz torne significativo o que aprende.

Nesse sentido, temas transversais são temas que foram selecionados pelo Ministério de Educação do Brasil, para discutir problemas de grande importância para o país, que serão tratados com as disciplinas a serem trabalhadas no ensino fundamental de uma forma diferenciada. Os temas escolhidos, por ocasião da organização dos parâmetros educacionais, em 1996, foram: ética, pluralidade cultural, meio ambiente, saúde, orientação sexual e temas locais.

Ao trabalhar com os temas transversais, além de desenvolver um pensamento interdisciplinar, busca-se transformar e incentivar uma visão diferenciada do mundo, do homem e do conhecimento, uma visão que considere o conhecimento como um bem da humanidade, como um instrumento capaz de humanizar e possibilitar acesso para a vida em sociedade.

Foram chamados de transversais porque indicam uma forma diferente de abordar o conhecimento, vendo-o como algo dinâmico, passível de transformação e de ser relacionado ao cotidiano. Foram pensados como ruas que cruzam as avenidas do conhecimento, produzindo encontros entre o saber do dia a dia e o conhecimento construído através dos tempos.

O trabalho com os temas transversais precisa ser pautado numa perspectiva interdisciplinar e, por isso, não adianta fazer com eles o que muitos tentaram: transformá-los em uma disciplina. Sua principal característica é estabelecer relações entre matérias, entre a teoria e a prática, entre a pessoa e a sua produção do conhecimento, entre os conhecimentos sistematizados e os extracurriculares, entre o fato social e o saber sistematizado.

Prestem atenção! Não se trata de colocar um tema para tornar a disciplina mais interessante, o que muitos professores ainda pensam, mas sim de discutir o tema social e, a partir dele, por meio das disciplinas, instrumentar o aluno para que ele possa resolver ou buscar soluções para os problemas enfrentados. Vou dar muitos exemplos durante a nossa "conversa escrita", mas posso adiantar um pouco do assunto para que vocês comecem a entender o que é um tema transversal.

Há alguns anos, tivemos (e ainda hoje temos) notícia de frequentes invasões de terra, em todo o território nacional, que incluíram lutas e mortes. A reforma agrária é um tema de urgência em nosso país, e podemos iniciar um estudo sobre ela, perguntando aos alunos sobre o que já sabem a respeito do assunto, sobre alguma experiência anterior nesse sentido, sobre qual a posição de sua família sobre o tema. Além disso, é possível trazer textos jornalísticos sobre isso, organizar painéis, discutir posições diferentes, promover interpretações, localizar os pontos do país em que acontecem mais invasões, estudar sobre a distribuição de renda no Brasil, sobre as características das terras que estão sendo ocupadas, sobre outras alternativas, além da invasão, que podem ser utilizadas para melhorar a distribuição de terras no país. Podemos tratar das mortes, de fotos, como as de Sebastião Salgado[*], que retratam tal realidade; trabalhar com músicas que abordem o tema e outros que o circundam entre outras atividades.

---

[*] Sebastião Salgado é um fotojornalista brasileiro, radicado na França, e reconhecido mundialmente como um dos mestres da fotografia documental contemporânea. Principais obras: *Outras Américas* (1986), *Sahel: l'Homme en Détresse* (1986), *Trabalhadores* (1997) e *Terra* (1997).

Vocês perceberam que, assim, precisam de todo o conteúdo de Língua Portuguesa para trabalhar com leitura, interpretação, escrita, reescrita e músicas? Vocês perceberam que, para fazer o cálculo de distribuição de renda no país, precisam dos conhecimentos de Matemática: operações básicas, interpretação e construção de gráficos, resolução de problemas reais ou simulados? Repararam que o estudo das regiões do Brasil, do solo das terras invadidas, da vegetação, da área plantada, do tipo de plantação remete aos conteúdos de Ciências e Geografia? Pensaram que o estudo das fotos pode gerar um belo trabalho de Artes? O que é possível estudar sobre a morte? Talvez conteúdos de Ciências, Estudos Sociais, Português, Artes e Educação Física? A vida dos sem-terra inclui escolaridade, jogos e brincadeiras que as crianças aprendem nos acampamentos, e é muito importante que tal conhecimento alcance outras crianças, que vivem e conhecem outras realidades.

Essa forma de trabalho é diferente, mas pode, perfeitamente, ser realizada nas escolas. Trata-se de conseguir manter a curiosidade sempre presente. E, como Freire (1996, p. 29-32) diz, a curiosidade ingênua, que está ligada ao saber do senso comum, pode se transformar em curiosidade epistemológica, aquela que nos faz perguntar sempre e buscar formas de responder às nossas perguntas.

Diante disso, vou destacar alguns elementos importantes a respeito do tema, citados a seguir:

- é preciso partir do saber dos alunos;
- o professor deve trazer perguntas para provocar uma curiosidade inicial;
- o trabalho deve transformar a curiosidade inicial em curiosidade crítica;
- uma das principais ferramentas do professor é olhar para a vida dinâmica e levantar questões sobre ela;
- o novo papel do educador é provocar inquietações e não trazer certezas para a sala de aula.

No entanto, não basta inquietar, é preciso descobrir formas de pesquisar sobre o tema, de criticá-lo, de assumir uma posição sobre ele e de encontrar soluções para os problemas que fazem parte dele.

Quando falamos em desmotivação dos alunos para aprender, é preciso que nos perguntemos se a forma como estamos abordando os conteúdos não precisa ser revista.

Quando um aluno não quer aprender, podemos entender que diz o seguinte: "Não quero aprender aquilo que vocês querem ensinar como algo pronto e acabado, sem emoção, sem mistério, sem história e sem significado".

Se acreditarmos que a motivação e o interesse do aluno por algo nascem de dentro dele, sabemos que não podemos lhe entregar de presente uma caixa de motivação, mas sim provocá-lo para que fique curioso e queira descobrir um segredo, um mistério ou algo que ainda não sabe e, então, integrar aos conhecimentos que já possui.

Portanto, ser professor é uma tarefa muito difícil: levar para a sala de aula um tema-problema, ou seja, um tema acompanhado de questões para as quais não há respostas prontas e discuti-lo, colocá-las na interação, transformá-las em conteúdo de diálogo de aprendizagem, criticá-las, pensar e repensar sobre elas, conhecer o que outras pessoas pensam, pesquisar, concluir com o grupo. Assim, o professor tem espaço para expressar sua opinião sobre o tema, mas não para fazer todos os alunos pensarem exatamente como ele.

Para trabalhar com a curiosidade, é preciso deixá-la aparecer, dar importância a ela, provocar a transformação da curiosidade inicial em curiosidade crítica e estimular a sua utilização na pesquisa.

capítulo 1

refletindo sobre os temas transversais a partir da curiosidade

Neste capítulo, vamos propor a reflexão sobre os temas transversais, a apresentação da função da curiosidade no processo de aprender e a montagem de mapas organizacionais que auxiliam o professor a integrar o conhecimento a ser abordado em um tema transversal às questões que podem surgir e mobilizar a curiosidade. O planejamento deve ser flexível nesses casos, porém, não pode ser tão aberto que possa levar o professor a se perder no processo ensino/aprendizagem. Além dessa integração, os mapas organizacionais também podem ajudar na seleção dos materiais, no planejamento das visitas e no desdobramento do conteúdo, assim como possibilitar a formação de pontes entre a realidade concreta e o conhecimento.

Despertando a curiosidade do aluno para a aprendizagem

Antes de aprofundarmos a reflexão sobre os temas transversais, é preciso iniciar uma discussão sobre um importante fator que diz respeito ao ato de aprender: a curiosidade. Somente a curiosidade, o interesse, alimenta a motivação e possibilita a aprendizagem. É preciso desequilibrar o aprendiz para que ele mobilize-se para aprender. Colocar-se diante do conhecido, do já estabelecido não gera desequilíbrio nem interesse em voltar ao equilíbrio. A curiosidade e a pesquisa são colocadas a serviço do aprendiz e de sua aprendizagem quando ele se encontra diante de algo novo, inusitado, desconhecido. É o não saber o grande responsável pela possibilidade de virmos a saber algo.

Agora, vamos convidá-lo a fazer o seguinte exercício:

- pense em duas formas de iniciar uma aula;
- pergunte e responda a si sobre qual dessas formas é mais interessante e pode deixar o aprendiz mais interessado por temas do mundo atual, do seu país e de sua localidade;
- conheça detalhadamente um procedimento para promover o desequilíbrio do aluno, fator responsável pelo aparecimento da curiosidade.

Você é capaz de perceber a diferença entre essas duas formas de abordagem de um tema em sala de aula? Na sua opinião, qual delas despertaria mais o interesse dos alunos? Na sequência, apresentaremos essas formas de aplicação para você compreendê-las melhor.

Dois professores vão tratar dos direitos humanos nas diversas regiões do Brasil. Para isso, optaram por iniciar seu trabalho sobre esse tema pela Região Norte. A seguir, apresentamos formas de abordagem usadas pelos docentes para dar início à aula.

1. "Hoje, nós vamos falar sobre a Região Norte. Essa é uma das regiões do Brasil. Peguem seus cadernos, abram na página correspondente à disciplina de Estudos Sociais e copiem o que vou escrever no quadro de giz." As crianças executam a ordem em silêncio.

2. "Agora vou fazer algumas perguntas para vocês. Fiquem atentos e procurem respondê-las. Vocês sabem como as crianças vivem na Região

Norte do Brasil? Onde se localiza essa região? Alguém já ouviu falar dessa região? Será que as brincadeiras das crianças dessa região são iguais às da nossa? Será que o modo de vida das crianças dessa região é semelhante ou diferente ao da nossa região?"

Na sua opinião, qual das formas apresentadas desperta mais a curiosidade dos alunos? Podemos perceber que, na primeira forma, o aluno não é convidado a interagir, portanto, não há a oportunidade de ele aprender e também não foi reservado um espaço para a curiosidade. Dessa forma, a professora espera que o aprendiz funcione como um "sem luz". Copiar a tarefa do quadro de giz é uma ação que, a princípio, não inclui a curiosidade decorrente de uma inquietação, a não ser em situações em que o aluno deseje muito ter algo e esse seja o único meio de alcançá-lo. Por exemplo: se você gostou de um bolo, provavelmente vai querer saber a receita ou, se gostar de uma música, provavelmente vai querer saber a letra dela. Então, certamente, copiar algo sobre a Região Norte do quadro de giz não inquieta a mim nem a você e, muito menos, ao aluno. Já a segunda forma apresentada exige que o aprendiz pense, seja provocado a conhecer algo, a fazer combinações entre os seus saberes para arriscar respostas, levantar hipóteses e dar visibilidade àquilo que imagina. O aluno que é convidado a realizar essas ações não age somente como "aluno", mas ilumina dentro de si suas vivências, experiências, conhecimentos adquiridos e passa a agir como aprendiz que, na busca por uma resposta, movimenta-se interna e externamente.

O papel da pergunta no surgimento da curiosidade e na organização do trabalho a ser desenvolvido

Certamente, a pergunta inquieta quando quem a ouve tem o desejo de buscar uma resposta para ela. Já o discurso escolhido por alguém, trazido como uma certeza, não mobiliza a busca por ser algo pronto, que não precisa mais da participação de alguém para se completar. A pergunta abre possibilidades de buscas; a certeza fecha tais possibilidades.

No entanto, ao ensinar, historicamente, preocupou-se em lidar mais com as certezas do que com as perguntas. Já para aprender é necessário lidar mais com as perguntas do que com as certezas. As perguntas nos mobilizam; são os nossos questionamentos que nos levam a levantar hipóteses e a querer testá-las. Para sermos bons professores, é necessário nos especializarmos na arte de perguntar. Se o professor fizer a pergunta certa a seus alunos, é possível que os ajude a se interessarem por determinados estudos. Por isso, de acordo com minha experiência, a segunda forma apresentada de iniciar uma aula é a mais instigante. Simplesmente escolher um tema e discorrer sobre ele não é uma forma interessante de despertar a curiosidade dos alunos. Então, como eu acredito que essa última forma é a mais correta, convido você a experimentá-la. Assim, você poderá, ao mesmo tempo, refletir sobre a minha opinião.

Separe, antecipadamente, alguns materiais para usar no dia seguinte, além de algumas perguntas que despertem a curiosidade dos alunos. Por exemplo: um mapa do Brasil. Peça que eles descubram no mapa onde se localiza a Região Norte. Caso você, professor, que está interagindo comigo, seja da Região Norte, substitua essa região por outra de nosso país.

E agora? Como devemos continuar essa aula? A partir dos conhecimentos que as crianças já têm sobre essa região e do que elas desejam saber, organize um mapa de possibilidades de encaminhamento para essa atividade. E, a partir desse mapa, poderemos montar um mapa organizacional, semelhante a um mapa conceitual, conforme a Figura 1, a seguir.

Figura 1: Mapa organizacional que aborda parte do tema transversal ética

Em cada um desses círculos, você pode identificar uma ou várias disciplinas que serão trabalhadas no decorrer desse estudo e perceber que alguns conteúdos podem ser mais explorados que outros. É importante que você busque no currículo escolar os assuntos a serem trabalhados. Então, o mapa pode ser completado.

Os conceitos que podem ser aprendidos surgem da organização do saber e do não saber dos alunos, por meio de perguntas e da sua relação com os saberes sistematizados já existentes. É como se fosse uma combinação de perguntas e respostas, mas sem a conclusão das respostas já obtidas como certezas absolutas e inquestionáveis.

Por exemplo, na Figura 1 fazemos uma pergunta sobre a localização e na Figura 2 introduzimos o estudo de mapas geográficos.

As duas ilustrações (Figuras 1 e 2) aparecem separadas, para que vocês possam compreender o processo, porém elas podem se integrar e, numa só figura, mostrar as questões, as disciplinas envolvidas e os conteúdos específicos.

Figura 2: Mapa organizacional que aborda parte do tema transversal ética com disciplinas identificadas

Dessa forma, você não se perde e pode planejar, com base no exemplo anterior, suas aulas, tendo em vista o tema a ser trabalhado e todos os instrumentos que utilizará para discutir os direitos da criança no Brasil, podendo abordar temas polêmicos, como a desnutrição, a prostituição infantil, o não acesso à escolaridade e outros. Lembre-se de que esse mapa será construído a partir do que os alunos já sabem sobre o tema e do que desejam saber. Não basta você copiar o mapa e aplicar. Por outro lado, é possível que você experimente a partir dele. O importante é não esquecer de iniciar a abordagem do conteúdo propondo aos alunos algumas perguntas.

Nesse trabalho, os mapas assumem uma função um pouco diferente da dos mapas conceituais, prevista por seu idealizador: David Paul Ausubel. Moreira e Buchweitz (1987, p. 15-16) também ressaltam a função do mapa, que é a de recurso didático, não somente para mostrar relações hierárquicas e significativas entre conceitos, mas para organizar os conceitos a serem trabalhados a partir das perguntas dos alunos.

Nesse caso, partindo dos mapas anteriores, elaborei um mapa que pode ser representado da seguinte forma:

Figura 3: *Mapa organizacional integrador do processo de ensino/aprendizagem do tema transversal ética*

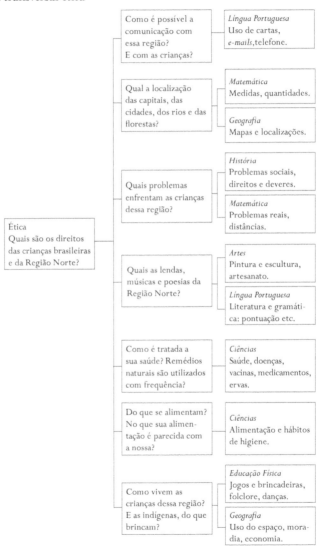

A partir dos itens mapeados para organizar a vivência de ensinar/aprender e para delimitar as pontes que serão realizadas entre a realidade social e os conhecimentos escolares, vocês podem utilizar mapas como esses para estabelecer a hierarquia e as relações entre os conceitos que podem ser aprendidos por meio dessa experiência.

O uso de materiais na organização da aprendizagem dos temas transversais

Depois de organizar o mapa, é importante que você providencie alguns materiais para consulta, como livros didáticos, revistas, jornais, LPs, CDs, DVDs e outros, que abordem alguns dos temas relacionados. É preciso que você saiba, antecipadamente, com quais materiais pode contar para despertar a curiosidade dos alunos e em quais eles podem buscar as respostas de que necessitam. O exemplo a seguir serve de alerta para refletirmos sobre a falta de planejamento. Ele foi vivenciado por mim, quando exerci a função de coordenadora de projetos, em uma escola de ensino fundamental.

Certa vez, uma professora mobilizou seus alunos para que descobrissem como são comemorados os aniversários em outros países do mundo. Porém, depois que os alunos estavam motivados a respeito do tema, não encontraram recursos para desenvolver a pesquisa. Isso desmotivou tanto os alunos quanto a professora. Então, para não repetirmos o mesmo discurso: "Não dá para fazer um trabalho diferente porque faltam materiais", é preciso, primeiro, conhecer os materiais de que dispomos em casa e na escola, para, depois, provocar o interesse do aluno. Se não tivermos à disposição esses materiais, é possível que possamos contar com os jornais do vizinho e com o relato de pessoas que tenham vivido alguma experiência pertinente com a questão a ser trabalhada. Provavelmente, essas pessoas nos ensinarão algo a partir dessa experiência. Outra vivência que pode ilustrar o que trago para vocês aconteceu em uma escola do interior. Uma professora só usava o livro didático em suas

aulas. No entanto, conforme o tema a ser trabalhado, ela convidava pessoas da comunidade para complementar o assunto que estava sendo estudado e também para que essas pessoas apresentassem aos alunos uma visão diferente da que o livro mostrava. A troca de ideias enriquece muito o trabalho do professor em sala de aula.

Tanto para ensinar quanto para aprender é preciso ter acesso a informações e discuti-las. Não é necessário possuir materiais caros. Se a escola não dispõe de uma televisão, por exemplo, você pode buscar uma na prefeitura da cidade ou em qualquer órgão público da região. Assim, será possível oferecer aos alunos a oportunidade de assistirem a um programa e discutirem sobre ele em sala de aula. Se você possuir vídeos sobre alguns assuntos, é ainda melhor, pois os alunos terão mais subsídios para a discussão. Mesmo que seu município seja pouco favorecido, é possível encontrar algumas saídas para desenvolver seu trabalho e, paralelamente, ajudar a construir pessoas críticas. Assim, seus pensamentos poderão mudar e a educação passará a ocupar um lugar de destaque nesse panorama.

Quem ensina utilizando temas transversais precisa se preocupar com a coerência entre aquilo que mostra e a forma como age no cotidiano. De nada adianta um professor ensinar a preservação do ambiente e jogar um toco de cigarro no chão ou a sobra do lanche pela janela. Lembre-se de que as atitudes ensinam mais do que as palavras. Em nossa sociedade, o professor é visto como modelo, e suas atitudes valem mais do que seu discurso.

A preocupação, quando se utilizam temas transversais na escola, não é ensinar algo para ser aplicado no futuro, mas sim para ser utilizado como ferramenta hoje. Então, se ensinamos aos alunos a importância do respeito, devemos tratá-los de forma respeitosa, pois desejamos que eles comecem desde já a respeitar seus semelhantes e que não deixem para usar tal conhecimento quando forem mais velhos e estiverem trabalhando, por exemplo.

O que se espera de nós, educadores, é que sejamos capazes de praticar o discurso que pronunciamos. Por exemplo: não é possível pedirmos que os alunos fiquem em silêncio se nós próprios falamos em tom alto em sala de aula.

Para ensinar cidadania aos nossos alunos, é preciso exercê-la; para formamos cidadãos críticos, é preciso saber criticar com respeito; para ensinar os alunos a cumprirem seus compromissos, é preciso se comprometer a cumprir os nossos também; para ensinarmos aos alunos a importância da diversidade humana, é preciso aceitar as diferenças entre eles. Assim, todos poderemos superar nossos preconceitos e enxergar além.

Os ensinamentos não podem ser apenas conceitos que os alunos encontram em livros, os quais exigem muito da memória deles e pouco da consciência. Devem ser ensinamentos capazes de serem pensados, lembrados e colocados em prática, relacionados com a vida, com as experiências e com os conhecimentos anteriores. A aprendizagem deve ser fruto da integração de ideias, sentimentos, ações e soluções. Por isso, o modelo de professor(a), as atitudes que adotam frente ao mundo e aos problemas próximos e distantes também servem de aprendizado para os alunos.

Os problemas sociais podem ser estudados por meio dos temas transversais, à luz de vários campos do conhecimento, ao mesmo tempo em que são perpassados por eles. Para o professor trabalhar com esses temas sob essa perspectiva, é preciso que ele mude a concepção sobre o que é conhecimento, aprender e ser humano. É preciso ir além da repetição dos conteúdos, é preciso ensinar para além da prova, é preciso acreditar que o que se aprende na escola são ferramentas para aperfeiçoar a qualidade de vida de todos. Por isso, precisamos cuidar para não transformar os temas transversais em mais uma disciplina do currículo escolar. Pensem que tais temas podem nos ajudar a compreender melhor a realidade que nos circunda e a viver de forma mais digna e humana.

> *Os temas transversais apontam para mudanças na cultura, nos aspectos de ver e sentir o mundo. Não se trata, portanto, de 'mais conteúdos', nem de procurar organizar os conteúdos numa perspectiva interdisciplinar ou transdisciplinar, mas sim da formação de valores e padrões de conduta, como uma espécie de 'óculos' que qualifica o olhar dos professores para certos elementos da formação dos alunos.* (Cordiolli, 1999, p. 6)

A partir dessa visão, podemos dizer que o papel dos temas transversais é servir de lentes para quem ensina, ou seja, aprender a analisar situações de forma mais crítica. Precisamos, no entanto, não só perceber o mundo, a educação e o ensino de forma crítica, mas também desenvolver a possibilidade de modificar a ação do educador, na medida em que suas percepções e concepções são discutidas.

Para Barbosa (2002, p. 19), a proposta dos temas transversais, propostos pelos PCN (Brasil, 1997b, p. 31-35) traz, de certa forma, todos os aspectos aqui discutidos. Portanto, precisamos usar essas "lentes" para poder dar continuidade às mudanças educativas necessárias, citadas a seguir.

- Utilizar a ética nas discussões, entendendo-a como princípios que dão rumo ao pensar e ao agir, evitando as preconcepções, as exclusões e as marginalizações daquele que é considerado diferente nos vários ambientes.

- Considerar o meio ambiente como o espaço no qual estamos mergulhados e, portanto, considerar a nós mesmos como seres vivos que dependem desse meio e que precisam aprender sobre ele e preservá-lo. É esse o cuidado que permitirá nossa sobrevivência e de tantas outras espécies.

- Preocupar-se com a saúde de todos que habitam esse território, tanto no que se refere à dimensão do indivíduo quanto da coletividade. A saúde é uma das questões humanas que contribui para o desenvolvimento da criação e da produtividade.

- Valorizar a pluralidade cultural e a diversidade humana, a partir das diferenças de pensamentos e atitudes que surgem em sala de aula e, dessa forma, colocar em ação o respeito que deve marcar as relações entre os diferentes.

- Valorizar a orientação sexual como um meio de lidar com as diferenças de gênero, com as questões da sexualidade e suas dimensões – biológica, psicológica e sociológica – também como um instrumento de humanização.

- Discutir a questão das diferenças sociais no mundo capitalista de hoje e sua relação com o incentivo ao consumo. Deve-se proporcionar ao aluno a percepção de que consumir é muito mais do que uma ação momentânea. É um modo de vida que, aos poucos, está sendo imposto pela mídia e que abrange a forma de lidar com as relações humanas e com o conhecimento.

- Trazer para discussão os temas locais da comunidade, promovendo relações com o conhecimento construído através da história. Conhecer o entorno, criticá-lo e auxiliar na sua modificação pode se transformar em um instrumento precioso de mudanças mais amplas.
- Discutir sobre o tema diversidade, incluindo os alunos em seu projeto de ensinar/aprender, para que eles possam vivenciar essa experiência.
- Envolver todos os aprendizes e a própria escola nas questões que dizem respeito às necessidades educacionais especiais, numa visão de não exclusão no espaço de aprender.

Síntese do capítulo

Neste capítulo, procuramos estabelecer relações entre a proposta dos temas transversais e a disponibilidade do aprendiz para aprender, abordamos a curiosidade como elemento importante da ação de aprender e apresentamos formas de como é possível despertar a curiosidade dos alunos por meio de perguntas e da organização dessas em forma de mapas. Falamos sobre o papel do educador, que consiste na tarefa de aprender a perguntar, que é tão importante para desequilibrar o aprendiz a ponto de ele, ao buscar o equilíbrio, colocar em prática sua curiosidade e capacidade de pesquisa.

Também foram ressaltadas a interdisciplinaridade, a atitude de quem ensina como modelo de aprendizagem e a continuidade do esforço em direção à mudança do ensino/aprendizagem. Porém, o principal ensinamento que eu gostaria que você, professor, assimilasse, é o de que desempenha um papel fundamental nessa proposta. Por isso, é preciso que você instigue os aprendizes por meio de questionamentos e de uma atitude receptiva frente às mais variadas hipóteses que poderão surgir quando formularem perguntas durante o processo de aprendizagem. Também é preciso que você lembre que sua vivência pessoal de tudo o que ensina servirá de modelo aos aprendizes que estão sob sua responsabilidade. Essas não são tarefas fáceis para nós, professores, considerados herdeiros de uma educação e de um ensino tradicional que nos fez acreditar que a verdade já está construída e que basta apenas transmiti-la. O trabalho com os temas transversais pode ser um dos recursos pedagógicos que possuímos para contribuir com a tão esperada mudança.

Indicação cultural

CASCUDO, L. da C. **Lendas brasileiras**. 6. ed. Rio de Janeiro: Ediouro, 2001.

Para você aprofundar o tema deste capítulo, indicamos a leitura da obra Lendas brasileiras, *de Câmara Cascudo, ou de outras lendas que tratem de elementos do folclore da Região Norte, bem como das regiões necessárias ao seu trabalho.*

Atividades de Autoavaliação

1. Assinale a alternativa que mais se assemelha à forma com a qual você inicia suas aulas. Caso ainda não lecione, assinale a alternativa que provavelmente revela sua futura ação.

    a) Gosto de começar minhas aulas falando sobre o assunto a ser introduzido. Levo um texto para os alunos lerem ou escrevo no quadro de giz para que eles copiem.

    b) Peço que os alunos falem sobre o que já sabem a respeito do assunto só depois de terem aprendido sobre o assunto comigo.

    c) Prefiro deixar que os alunos falem sobre o que desejam aprender.

    d) Inicio as aulas por meio de um questionamento. Então, ouço o que os alunos têm a dizer sobre o assunto, procurando valorizar o que eles já sabem sobre o tema. E apenas depois falo a respeito do tema.

    e) Preparo minhas aulas a partir das perguntas dos alunos.

2. Assinale a alternativa que apresenta a principal forma de aprendizagem a ser realizada pelos professores, defendida neste capítulo.

a) Manter os alunos quietos e ouvindo o tempo todo.

b) Formular perguntas que envolvam os alunos.

c) Selecionar textos que tratem do conteúdo a ser abordado.

d) Fazer perguntas cujas respostas já estão prontas e são previsíveis.

Atividades de Aprendizagem

1. Leia o trecho da lenda *Cobra Norato*, da Região Norte, escrita por Câmara Cascudo, e reflita sobre as questões levantadas.

> *No paranã do Cachoeiri, entre o Amazonas e o Trombetas, nasceram Honorato e sua irmã Maria Caninana.*
>
> *A mãe sentiu-se grávida quando se banhava no rio Claro. Os filhos eram gêmeos e vieram ao mundo na forma de duas serpentes escuras.*
>
> *A tapuia batizou-o com os nomes cristãos de Honorato e Maria. E sacudiu-os nas águas do paranã porque não podiam viver em terra.* (Cascudo, 2001, p. 25)

a) Você acredita que é possível ensinar os aspectos geográficos de uma região por meio do estudo de lendas regionais? No trecho citado, podemos identificar claramente que o autor fala de uma região geográfica do Brasil. Você é capaz de localizá-la em um mapa da Região Norte?

b) Leia a lenda de uma região do país e tente conhecê-la por meio dessa leitura. Em seguida, registre as características da região que você observou durante a leitura da lenda. Para realizar essa atividade, sugerimos que você escolha as lendas que podem ser indicadas para isso.

2. Observe o mapa da organização do processo de ensino/aprendizagem apresentado neste capítulo. A partir de um tema transversal ligado à ética e de questões levantadas pelos alunos, procure organizar um mapa semelhante a ele, a partir do tema transversal **meio ambiente**. Depois,

faça as seguintes perguntas aos alunos: o que acontecerá com o planeta, se não cuidarmos dele? Quais cuidados devemos tomar de imediato em relação ao nosso planeta? Em seguida, reúna as respostas obtidas e organize-as num mapa, como se fossem dos alunos. Essa é uma forma de você exercitar sua capacidade de organizar o processo de aprendizagem por meio da organização de mapas.

Atividade Aplicada: Prática

O portfólio é um instrumento que pode ser utilizado como o registro da aprendizagem realizada e também pode ser usado como instrumento de avaliação dos alunos. Uma forma de você fazer isso é organizar o seu portfólio e arquivar nele os seguintes documentos:

- o registro das reflexões que você fez durante a leitura do conteúdo deste capítulo;
- o resumo dos livros indicados para leitura neste capítulo ou de outros similares;
- o registro da lenda que você escolheu para fazer o estudo geográfico de determinada região e a descrição desse estudo;
- o registro do mapa de organização do processo de ensino/aprendizagem construído a partir das respostas às perguntas sugeridas sobre o tema meio ambiente;
- o registro de sua opinião sobre a indicação cultural proposta neste capítulo, bem como sobre aquela a que teve acesso.

capítulo 2

revisitando os temas transversais de 1997 e fazendo novas reflexões

Segundo os Parâmetros Curriculares Nacionais (Brasil, 1997a, p. 15) *que tratam dos temas transversais, a educação para a construção da cidadania exige uma prática voltada para a "compreensão da realidade social e dos direitos e responsabilidades em relação à vida pessoal, coletiva e ambiental". Sendo assim, estudiosos organizaram-se para incorporar como temas transversais assuntos que pudessem facilitar tal compreensão e preparar os aprendizes para o exercício da cidadania. Os temas selecionados para esse fim foram: ética, pluralidade cultural, meio ambiente, saúde, orientação sexual, consumo, temas locais. Neste capítulo, esses temas serão apresentados e discutidos, visando uma atualização de tudo que já foi discutido nesses 11 anos de existência dessa proposta educacional.*

Ética

No momento histórico em que vivemos, no qual se fala em "mensalão", em fraude contra o INSS (Instituto Nacional de Seguro Social), em superfaturamento, em esquema de corrupção, ainda é preciso intensificar as discussões sobre a ética.

Para isso vamos começar este estudo analisando os objetivos estabelecidos para o trabalho com o tema transversal ética. Ao mesmo tempo em que descreveremos cada um deles, vamos comentá-los. Para isso, teremos como base comentários meus já realizados em uma publicação anterior.

- **Compreender o conceito de justiça, baseado na equidade, e sensibilizar-se pela necessidade da construção de uma sociedade mais justa (Barbosa, 2002, p. 20-25).**

Comecemos a análise desse objetivo clareando o conceito de *equidade*, que diz respeito à disposição para respeitar os direitos de cada um.

> *Compreender o conceito de justiça sem perder de vista o direito de cada um e ficar sensibilizado para a construção de uma sociedade mais justa é tarefa 'nada fácil' [...].*
>
> *Difícil acreditar neste objetivo, na sua consecução e nos seus resultados; porém, não temos outra saída: ou colocamo-nos objetivos quase que utópicos ou entregamo-nos ao abismo existente entre aqueles que têm e os que não têm, os que podem e os que não podem, os que sabem e os que não sabem, mantendo a injustiça que impera em nossos dias.*
>
> *Acreditar que, mesmo injustiçados e por causa disso, teremos mais força para lutar pela justiça é o que nos impulsiona e nos faz acreditar na educação como um instrumento de desenvolvimento dos seres humanos. A ética que precisamos defender, na escola e no mundo, é a ética humana.* (Barbosa, 2002, p. 21-22)

Passados quatro anos, continuo pensando da mesma forma e acreditando que não basta compreender o conceito de justiça; é preciso, sim, que esse conceito seja vivido no interior da escola e da sala de aula. Os professores precisam analisar as situações vividas antes de assumirem posicionamentos e, antes de tudo, modificar o esquema de castigo que ainda impera nas salas de aula.

Nas minhas andanças, defronto-me com fatos que mostram o quanto ainda precisamos crescer no que se refere ao conceito justiça. O caso a seguir é um exemplo dessa necessidade.

Certa vez, em uma palestra para professores, uma professora falou--me a respeito dos combinados que faz com os alunos no início do ano e de como os pais reclamam quando a criança precisa ser punida porque não cumpre um combinado. Ela foi me relatando o que acontecia e, num dos exemplos, disse que, para o combinado de trazer a lição de casa, existia uma punição para os alunos que não cumprissem. Essa punição, inclusive, fora sugerida pelos próprios alunos, escrever 150 vezes a seguinte frase: preciso fazer a lição e trazer para a escola. O aluno que deveria cumprir essa tarefa se negou a fazê-lo e se queixou para o pai. Então, este reclamou para a professora.

Ao relatar isso, a professora passava-me a seguinte mensagem: se o menino não escrevesse 150 vezes essa frase, ela estaria sendo injusta, pois não cumpriria a regra estabelecida pelos alunos. Ao mesmo tempo, mostrava-se impotente diante dos argumentos do pai que viera reclamar.

Fomos, então, dialogando para que pudéssemos analisar em que momento ela havia sido injusta, sem perceber. Ao fazer os combinados com a turma, ela se colocou no lugar de mediadora e, ao desempenhar esse papel, precisava mostrar para os alunos o quanto a elaboração da consequência do não cumprimento de um combinado estava sendo extremamente rígida e autoritária. Em que tipo de justiça implica não fazer algo e, por isso, precisar escrever o que deverá trazer? Não seria muito mais justo, para todos, esse aluno fazer a lição e trazê-la em um outro momento, em vez de apenas escrever que devia trazê-la?

Também ponderei com ela que os combinados escritos no início do ano, prevendo situações que ainda não aconteceram, não se caracterizam como uma ação tão democrática quanto pode parecer. Quando combinamos algo a ser feito na escola, devemos fazê-lo com entusiasmo, e não já prevendo que aquela não é uma boa atividade e, por isso, precisamos pensar em um "castigo", caso não seja cumprida. Para que o aluno possa construir a noção de justiça, faz-se necessário discutirmos cada passo da sua construção. Uma solução para esse impasse poderia ser, por exemplo, a criação de uma assembleia para discutir os assuntos que não foram previstos.

No caso citado anteriormente, a professora poderia convocar uma assembleia para analisar a questão: "Gente, tínhamos combinado que todos iriam trazer uma história para que pudéssemos montar o primeiro livro de história da nossa classe, e o fulano não trouxe. Como faremos agora? Eu não acho justo que o nome dele não conste em nosso livro. Mas, então, como podemos resolver essa situação? Alguém tem uma ideia?" À medida em que o grupo propusesse soluções para essa questão, a professora serviria de mediadora para que todos tivessem suas ideias contempladas. Como conclusão, poderia-se sugerir que o aluno criasse a história para o livro na escola ou esperar que ele trouxesse na aula seguinte, pedir que ele escrevesse a história do livro na escola, enquanto os outros colegas trabalhavam com a capa e com as ilustrações do livro. Na vida escolar, a justiça deve estar mais ligada aos limites de superação do que aos limites de repressão.

Além do fato de o professor exercitar a justiça em sua prática educativa, é preciso também levar para a sala de aula os fatos e os desmandos que acontecem em nossa cidade, estado ou país, para que os alunos aprendam a fazer análise das situações, a sugerir caminhos e a buscar soluções.

> *É possível, durante a prática pedagógica, trabalharmos com as denúncias diárias que aparecem nos jornais, nas rádios, na TV, nos rostos e nos pés descalços daquele que não tem o que comer e o que vestir; é possível discutir justiça, mesmo sofrendo injustiça; é possível buscar saídas próximas.*
>
> *O que não podemos é continuar fazendo de conta que a pobreza não existe, que só é pobre quem quer, quem não estuda ou quem não trabalha, como se as pessoas tivessem o poder de reverter as consequências de uma sociedade capitalista. [...]*
>
> *O exercício de consciência que pode advir do esforço para o atingimento desse objetivo e as ações que podem nascer desse exercício são, por si só, motivos para que enfrentemos essa tarefa 'nada fácil'.* (Barbosa, 2002, p. 22-23)

Dessa forma, acabamos por banalizar os sofrimentos e a injustiça. As coisas imorais começam a soar como normais, e corremos o risco de perder-nos em meio a tantas misérias humanas e passar a acreditar que a vida é assim mesmo e que temos pouco a fazer. Precisamos buscar motivos para poder continuar defendendo a justiça, pois são eles que mantêm nossa vontade de lutar.

Ao analisarmos o poema a seguir, encontraremos um motivo para lutar por justiça.

> *Vazio*
>
> *Espigas do nada,*
> *ao nada de vento,*
> *curvam-se à terra,*
> *imploram alimento.*
> *Espigas de nada,*
> *ao nada do vento,*
> *estendem-se aos céus,*
> *suplicam por água*
> *e, tristes, lamentam.*
> *Mulheres e homens,*
> *fiquem atentos,*
> *uma espiga de nada*
> *não fica enrugada;*
> *morre parada,*
> *dissolve-se ao vento.*

Observe as manchetes a seguir.

"Polícia apreende três toneladas de cocaína"

(Gazeta do Povo, 2006c, p. 1)

"MP investiga grupo suspeito de fraude na venda de ambulâncias"

(Gazeta do Povo, 2006b, p. 13)

"Fraude contra o INSS, no Paraná, tinha esquema em 16 municípios"

(Gazeta do Povo, 2006a, p. 13)

O que é preciso fazer para que todos se indignem ao tomar contato com tais notícias?

Você não acha que essas manchetes constituem outro motivo para lutarmos pela justiça? O que é preciso fazer para que as pessoas que lerem essas notícias fiquem indignadas com esses fatos? Esse é um papel do educador? Como levar esses temas para a discussão em sala de aula?

Uma primeira providência é a de, como educadores, habituarmo-nos a ler as notícias e pensarmos sobre elas. Não há dinheiro para comprar o jornal? Não faz mal, leia o jornal que fica aberto na banca, peça emprestado o de seu vizinho, leia os murais que ficam expostos nos ônibus ou em outro lugar da sua cidade. Se não conseguir ler o jornal, por um ou outro motivo, procure assistir ao telejornal, mas faça o exercício de pensar sobre as notícias. A televisão dá as notícias de forma muito rápida e, se não pararmos para pensar sobre a nossa posição, seremos levados a acreditar naquilo que desejarem que acreditemos.

Somente assim você poderá entusiasmar seus alunos sobre o desenvolvimento de um pensamento mais crítico.

Agora, vamos avançar sobre esse assunto, refletindo sobre o objetivo a seguir.

- **Adotar atitudes de respeito pelas diferenças entre as pessoas, respeito esse necessário ao convívio numa sociedade pluralista (Barbosa, 2002, p. 25-28)**.

Adotar, nesse contexto, significa escolher, dentre outras, uma atitude de respeito que aprendemos durante nossa evolução como seres humanos. Em relação à atitude de respeito, podemos dizer que ninguém nasce respeitador, mas sim que aprende a respeitar. O ensino, portanto, supõe desenvolver atitudes também de respeito. Se soubermos respeitar, poderemos adotar ou não essa atitude na relação com os outros.

Então, como aprender a respeitar as diferenças entre as pessoas se, diariamente, presenciamos, no cotidiano de nossas cidades, o afastamento em relação aos mais pobres, aos malvestidos, aos negros, às crianças de rua, às mulheres?

Como aprender a respeitar num mundo em que as nações não se respeitam e que, apesar de ser globalizado, encontra-se dividido entre Ocidente e Oriente, e cada um dos lados não consegue aceitar a cultura, os costumes e a religião do outro?

A transformação é uma porta que só abre por dentro, e a escola pode bater nessa porta para ensinar seus alunos a desenvolverem atitudes de respeito, tanto pelo exemplo quanto discutindo as atitudes de respeito e de desrespeito que acontecem no mundo, no nosso país, no nosso estado, na nossa cidade, no nosso bairro, na nossa escola e na nossa casa.

Não podemos, no entanto, acreditar que a escola pode dar conta de todos os problemas da humanidade. Porém, não podemos deixar de acreditar que seu movimento pode contribuir para a formação de seres humanos capazes de respeitar seus semelhantes, principalmente no que se refere ao fato de sermos todos humanos e de termos o direito de viver uma vida digna, como todos merecem. Respeitar costumes, hábitos, crenças, sexos, níveis socioculturais, inteligência e habilidades diferentes são aprendizagens específicas do ser humano, mas lutar pela igualdade de direitos também o é.

É preciso cuidar para que a apologia às diferenças não acabe por justificá--las entre classes sociais que aumentam a cada dia e afastam cada vez mais uma camada da população da possibilidade de ter uma vida. Esse respeito à diversidade, principalmente em relação às crianças que apresentam dificuldades para aprender, pode se transformar em uma arma na mão de professores que acreditam que as diferenças devem ser respeitadas. Portanto, a criança que tem dificuldade precisa aprender algo diferente das outras, contribuindo para a sua marginalização.

Ser diferente requer outras providências, diferentes daquelas que deixam os alunos separados, nas filas dos menos competentes, fazendo atividades diferentes das que a classe faz.

Cora Coralina mostra, em suas poesias e escritos, com sensibilidade, que antes de transformar-se em escritora, ela era Aninha, uma menina que tinha dificuldades e que, graças à dedicação de sua mestra, pôde se tornar Cora Coralina, da casa do Rio Vermelho, da velha Goiás.

Revivo a velha escola e agradeço, alma de joelhos, o que esta escola me deu,
o que dela recebi. A ela agradeço meus livros e noites festivas, meu nome
literário.

Foi pela didática paciente da velha mestra que Aninha, a menina boba da
casa, obtusa, do banco das mais atrasadas se desencantou em Cora Coralina.

Lugar de honra para minha mestra e para todas as esquecidas Mestras do
passado. Mestra Silvina, beijo suas mãos cansadas, suas vestes remendadas.

(Coralina, 1997, p. 41)

É muito difícil ser diferente, não ser entendido por essa condição de diferente e mesmo não se entender como alguém que possui uma diferença, mas tem direitos iguais. Passei por isso em um curso de educadores populares de que participei na Bulgária: não sabia falar a língua desse país nem as outras duas línguas oficiais do encontro – inglês e francês. Pelo fato de ser brasileira, já era discriminada, considerada vinda de um país do terceiro mundo, vista com olhos de quem precisa de ajuda, mas também discriminada pelo fato de não saber me comunicar na língua do país. Os preconceitos concretizavam-se nas relações, e era muito difícil enfrentá-los e superá-los. Tive um misto de sensações que me levavam a sentir raiva e pena de mim mesma; em alguns momentos, sentia sono, distraía-me; em outros, porém, fazia um grande esforço para aprender.

É preciso, como Snyders (1988, p. 136) diz: "Destruir o enclausuramento em si mesmo, para tornar-se disponível ao diálogo, à troca, à escuta. [...] Amar a alteridade, a diferença da qual o outro é portador".

Nesse sentido, para que as diferenças sejam respeitadas, num ensino chamado **inclusivo**, é preciso que as pessoas consideradas diferentes e as consideradas iguais rompam com esse enclausuramento e aceitem o outro, para que, realmente, todos possam aprender com as diferenças. Acredito que é muito mais um ensino para a diversidade do que uma educação inclusiva. Todos somos diferentes e todos precisamos nos respeitar para conviver.

A convivência desenvolve a nossa capacidade de sermos sociais e pensantes; a cada grande desequilíbrio, precisamos encontrar novas alternativas, o que nos torna mais flexíveis, adaptativos e inteligentes. Por isso, respeitar as diferenças não é somente um ato de altruísmo, pois aquele que respeita é também muito beneficiado como pessoa, pelo respeito que demonstra possuir pelo outro.

O próximo objetivo a ser analisado também é muito importante.

- **Adotar atitudes de solidariedade, cooperação e repúdio às injustiças e às discriminações (Barbosa, 2002, p. 28-31).**

Ser solidário é um dos mais difíceis entre os grandes objetivos da vida humana. Para solidarizarmo-nos com alguém ou com algo, é preciso que nos coloquemos no lugar do outro, que exercitemos a alteridade. Como fazer isso, se somos incentivados, pela mídia, de forma geral, e pela educação, em particular, a sermos individualistas?

Se não nos preocuparmos em ensinar a cooperação, não poderemos equilibrar toda a aprendizagem de competição que as pessoas fazem no seu cotidiano, quando são incentivadas a serem melhores que os outros, a tirarem vantagem de tudo, a jogarem em loterias, a participarem de sorteios, a comprarem mais barato e muito mais.

Cooperar exige uma outra posição: não a de ser melhor, mas a de ser semelhante e de oportunizar o seu crescimento e o do outro. A postura de avisar quando o outro está perdendo em uma transação, por exemplo, em vez de tirar vantagem porque não está percebendo ou enganá-lo para que não perceba; a de trabalhar para orgulhar-se de sua capacidade produtiva, sem ficar esperando que uma mágica resolva sua vida; a de avisar os outros quando descobre uma liquidação; a de economizar água em momentos críticos, mesmo que tenha uma grande caixa d'água em casa; a de não comprar mais litros de leite do que o permitido em situações de racionamento, como já vivemos em nosso país há pouco tempo; bem como a de não ter outros comportamentos que evidenciam o egoísmo, e não a capacidade de conviver, de se socializar.

É no dia a dia que se aprendem as atitudes. Por isso, nós, educadores, precisamos nos comportar tendo a clareza de que somos referência para nossos educandos. Não digo para sermos modelos artificiais, como se fôssemos todos iguais e devêssemos agir da mesma forma, pensar do mesmo jeito e solucionar os problemas da mesma maneira. Minha sugestão é a de que devemos desenvolver a nossa consciência.

> *Não se trata de um modelo artificial, e sim da consciência de que nossa presença também ensina e, por isso, a coerência entre as ações e as metas educacionais a serem atingidas é necessária. Porém, diante das contradições e das incoerências que possam surgir, é preciso agir com humildade e reconhecer que, apesar de educador e educadora, também se está em processo de desenvolvimento e aprendizagem.* (Barbosa, 2002, p. 29)

Para auxiliarmos no atingimento desse objetivo, é preciso agir como alguém que é capaz de errar e de acertar, como protagonista do processo educacional, sem negarmos nossos conhecimentos e qualidades, nossas falhas e fragilidades. Ser educador é ser referência diante dos problemas que a vida nos impõe, assumindo uma atitude de respeito e ética frente às pessoas e aos problemas.

Os alunos, no dia a dia da sala de aula, aprenderão a adotar atitudes humanas, desde que seus professores também as desenvolvam em sua prática educativa. Solidariedade, cooperação e respeito às diferenças não são valores que se aprendem apenas no discurso.

Um outro conhecimento que acontecerá no processo de atingimento desse objetivo é o de que aprender é uma ação decorrente do esforço coletivo e da discussão entre os pares, necessitando, portando, do exercício da cooperação. A realidade na escola nem sempre é solidária. Alunos e, muitas vezes, pais pedem que a professora bata em seus alunos.

Para Smolka (1988, p. 94-95), dependendo do desempenho do professor diante dessas situações, é possível articular ideias e chegar a uma conclusão mais humana junto da turma:

> *Desencadeia-se um processo de agressão física na classe... Uma das crianças sugere:*
> *— Por que você não bate nele também, tia?*
> *De uma situação problemática, e mesmo limite (agressão física), em sala de aula, a professora inicia um diálogo e abre espaço para que as crianças*

falem e emitam suas opiniões. Nesse momento, além de interlocutora das crianças, ela é também catalisadora das opiniões e articuladora das ideias. Trabalhando problemas vitais dentro da sala de aula (formas de interação entre as pessoas e alternativas de soluções de problemas), a professora aproveita a oportunidade e lança mão de um recurso fundamental para registro das experiências e ideias das crianças.

Desenvolver uma atitude de solidariedade é vincular-se à vida, aos interesses de um grupo social. No caso da escola, exercitar a solidariedade é iniciar pelo companheirismo, pela aprendizagem da convivência, pela preocupação com o outro, pela ajuda, pela capacidade de deixar-se ajudar e, finalmente, pela capacidade de formar vínculos recíprocos entre as pessoas.

Uma atitude solidária, automaticamente, criará uma atitude de repúdio às injustiças e às discriminações que classificam, valorizando e desvalorizando pessoas, como se fôssemos de uma espécie na qual existam diferenças qualitativas que indicam uns como melhores que outros. A escola tradicional incentivou muito isso e nós, professores, por isso, temos de nos cuidar para não continuar incentivando com notas, castigos, ameaças e elogios discriminatórios. É muito fácil ter uma turma rigidamente classificada, pois não nos defrontaremos com novidades: os atrasados serão sempre atrasados, os espertos serão sempre espertos e, se não forem, fazemos de conta que são. De certa forma, já estamos tão acostumados que acabamos cristalizando papéis, funções e preconceitos.

É preciso deixar o novo entrar, preparar a nós mesmos para o susto, permitir que o outro apresente suas ideias sem, necessariamente, obrigar-nos a ter uma opinião preconcebida sobre o que ele pensa, o que faz e no que acredita. A novidade areja, oxigena e faz com que tudo respire, mude de lugar, perca o bolor. A vida é movimento, e não estagnação. De certa forma, é essa disponibilidade que nos permitirá ser solidários.

A solidariedade é decorrente da nossa capacidade de nos colocarmos no lugar do outro, e essa capacidade é, na maioria das vezes, uma prerrogativa do cidadão comum. Como Jorge Amado (1987, p. 62) ressalta, o ser humano está desvinculado da questão "poder". Por isso, sugerimos que você reflita sobre a frase a seguir que, de acordo com esse autor, é um bom motivo para ser um cidadão comum: "O humanismo nasce daqueles que não possuem carisma e não detêm qualquer parcela de poder. Se pensarmos em Pasteur e em Chaplin, como admirar e estimar Napoleão?"

Uma outra reflexão está ligada ao fato de que problemas precisam ser enfrentados, e não resolvidos superficialmente; construir soluções de cooperação e solidariedade, no coletivo, vai além do agrupamento, exige o exercício constante da democracia.

Certamente, um ambiente simpático, relações de amizade entre professores e alunos, tempos institucionalmente previstos para que cada um possa exprimir-se e dizer suas propostas devem ajudar e ir em direção à democracia, mas não acreditar rapidamente que as dificuldades são ultrapassadas enquanto que, talvez, elas foram simplesmente massacradas.

Não basta que se vote, que se discuta, nem mesmo que haja um conselho para que a vida do grupo construa-se de modo democrático e atraente. (Snyders, 1988, p. 265)

O próximo objetivo proposto pelos PCN, descrito por Barbosa (2002, p. 31-34), diz respeito ao espaço público, além de coletivo.

- **Compreender a vida escolar como participação no espaço público, utilizando e aplicando os conhecimentos adquiridos na construção de uma sociedade democrática e solidária.**

Que ousadia! Sem ousadia, por certo, não chegaremos a lugar nenhum. No entanto, é preciso nos conscientizarmos: esse é um objetivo que, embora necessário, não é de fácil atingimento, principalmente em um curto ou médio prazo. Compreender a vida escolar como participação no espaço público só será possível se a escola puder proporcionar essa experiência para seus alunos. Abrir as portas da escola para o público e participar de ações públicas através da vida escolar são atos que precisam ser discutidos, planejados, objetivados; precisam de apoio e compreensão de todos que trabalham na escola, assim como dos governantes da comunidade. Esse objetivo depende de projetos ousados, que visem a melhoria da comunidade e coloquem o conhecimento veiculado na escola a serviço da vida social humana. (Barbosa, 2002, p. 31)

Com certeza isso não tem sido o cotidiano da escola e ainda é um objetivo que está longe de ser atingido.

Para que o discurso possa ser realizado, é necessário que a escola possibilite aos seus professores o exercício do que Freire (1996) chama de *curiosidade crítica* e incentive o desenvolvimento de projetos na sala de aula, nos quais, durante sua execução, se caminhe até as proximidades da escola, sejam feitas relações com a problemática do bairro e permita-se que os alunos interfiram, de verdade, na vida da comunidade. Um exemplo desse exercício é trabalhar para a organização do lixo, a despoluição de um rio, a organização de uma festa ou a resolução de qualquer outro problema, em que os alunos possam contribuir com sua crítica, criatividade e ação, aprendendo o conteúdo de forma significativa.

> *Talvez este seja o desafio, o de pensarmos uma escola que ultrapasse o próprio espaço físico e que, realmente, consiga colocar o resultado de seu trabalho a serviço da realidade social. Não podemos, porém, ser tão idealistas que acabemos perdendo, no caminho, o nosso ideal.*
>
> *A utilização do conhecimento adquirido na escola em prol de uma sociedade democrática e solidária é possível se a aprendizagem não ficar apenas no campo das ideias, dos sonhos e das elucubrações mentais, sem se associar ao movimento de execução dos mesmos.* (Barbosa, 2002, p. 32)

A realização de pequenos projetos que possibilitem a relação entre as ideias e as ações é uma das saídas que encontramos para ir conquistando esse espaço público e para os alunos terem uma noção do que é o espaço social, no qual direitos e deveres são colocados na mesa para serem discutidos e realizados.

Existem várias razões para que uma escola ensine aos seus alunos que é um espaço público e, por isso, precisa ser vista e tratada como tal. Uma das razões para que ela participe do espaço público é o descuido. O caso a seguir representa exatamente esse desleixo.

Conheci uma escola, no interior do Brasil, na qual os muros estavam muito sujos, o lixo ficava aberto à sua volta, as carteiras estavam quebradas e tudo estava muito feio para ser o entorno de uma aprendizagem significativa e prazerosa.

Seria esse um motivo para que a escola estabelecesse um diálogo com o espaço público? A escola não faz parte desse espaço público? Por que não participar de um espaço que é seu por direito? Será possível desenvolver um projeto de ensino que tenha a ética e o meio ambiente como temas transversais e, ao mesmo tempo, ensine Matemática, Língua Portuguesa, Ciências e Geografia?

Esse ambiente pode mudar se a escola começar a estabelecer um diálogo com os representantes políticos do lugar a partir de cartas, convites, *e-mails* ou de qualquer outro meio de comunicação; se a escola começar a instituir um diálogo com a comunidade e a convidar pessoas, profissionais ou não, entendidas em vários assuntos, que possam ensinar a recuperar móveis, por exemplo, sendo que os alunos podem aprender cálculos necessários para as reformas; se a escola puder liderar um movimento que ensine a comunidade a cuidar do lixo, mostrando as consequências que ele traz para a saúde, para a população e para a própria geografia do local.

Não estou defendendo que o governo deve deixar por conta da escola a manutenção necessária, mas sim que a escola pode participar das discussões e soluções dos problemas do ambiente no qual se encontra inserida.

A seguir, outro objetivo destacado pelos PCN (Barbosa, 2002, p. 35-38), que também será analisado por nós.

- **Valorizar e empregar o diálogo como forma de esclarecer conflitos e tomar decisões coletivas**.

Diálogo e decisões coletivas dizem respeito ao desenvolvimento grupal. A escola precisa desenvolver a grupalidade como instrumento de convivência. Não estamos mais no século da certeza, no qual o saber era único e transmitido como algo pronto e acabado, encontramo-nos, sim, no século da dúvida, no qual o questionamento e a pergunta passam a ser a melhor forma de ensinar e aprender.

Salas de aula com carteiras enfileiradas durante o tempo todo não combinam com diálogo, com coletivo, com grupo. O professor que sabe tudo e não pergunta só expõe o seu saber não combina com diálogo e com coletivo. O aluno que só repete e não questiona não combina com diálogo e com coletivo. Sendo assim, percebemos que a necessidade de diálogo impõe uma nova forma de ensinar e de aprender. Se continuarmos a funcionar de forma tradicional, não conseguiremos dialogar.

Costumo dizer que trocar a posição das carteiras não muda, por si só, a concepção de ensino de ninguém, mas pode interferir na forma como o professor vai se posicionar diante da turma e pode, também, gerar um incômodo que inquieta e leva a novas descobertas.

> *Diálogo supõe mais de uma pessoa, supõe a expressão de pensamentos, percepções, ideias, sentimentos e a escuta de pensamentos, percepções, ideias e sentimentos de outro ou outros.*
>
> *Essa forma de comunicação só é possível, na sala de aula, quando o professor deixa de ser o centro permanente do processo ensino-aprendizagem; quando o aluno também não centraliza o tempo todo e acaba por fazer sempre do jeito que quer, sem precisar se frustrar e contar com opiniões diferenciadas em relação à sua.*
>
> *Dialogar envolve disponibilidade para ouvir o outro, mesmo sem concordar com ele e conseguir falar dessa não concordância, abrindo uma possibilidade de mudança das duas posições iniciais.* (Barbosa, 2002, p. 35)

As aulas, para serem dialogadas, necessitam de uma dinâmica diferente. As perguntas devem iniciar o processo; a discussão, no grande grupo ou em pequenos grupos, deve levantar as várias visões do assunto, oferecendo aos participantes da conversa alternativas interessantes de encaminhamento para as questões.

O diálogo pode enriquecer aulas expositivas, apresentações e demonstrações; ele não se opõe a formas mais tradicionais de encaminhar o trabalho, mas complementa e pode auxiliar no aprofundamento de muitos temas. Além do uso do diálogo como elemento pedagógico capaz de ampliar a aprendizagem, sou defensora de que ele deve mediar muitos conflitos que surgem no interior da instituição escolar, principalmente aqueles relacionados às relações e à convivência na sala de aula.

O exercício do diálogo passa, também, pela possibilidade de os alunos terem espaço para resolver seus conflitos pessoais nos momentos do intervalo. Atualmente, o adulto participa tanto da solução de conflitos dos alunos que eles acabam por não desenvolver habilidades para argumentar de forma mais autônoma e resolver problemas.

O professor, ao desenvolver um trabalho que envolve o diálogo, acaba ensinando uma ferramenta importantíssima para seus alunos; em outros momentos, eles podem resolver situações sem, necessariamente, depender do adulto. A atual sociedade de consumo acaba desenvolvendo pessoas mais individualistas; a prática do grupo e o exercício de decisões coletivas tornam-se a cada dia mais necessários em nosso meio. Conversar, cooperar e conviver são ações que precisam do outro e desenvolvem comportamentos mais humanos.

Temos, com certeza, muitas razões para desenvolver a capacidade de dialogar, porém, razões poéticas para considerar o diálogo uma ferramenta importante para aprender podem nos tocar mais de perto, já que, às vezes, as mensagens não chegam só pela razão.

Hoje, corremos, olhamos uns aos outros, mas não nos enxergamos; ouvimos, mas não escutamos; cumprimentamo-nos, mas não desejamos, de fato, que o outro tenha um bom dia. O mundo do instantâneo faz com que sejamos autômatos; o diálogo exige de nós que estejamos mais inteiros em uma situação, que falemos o que realmente queremos falar, que escutemos o que o outro tem a dizer, sem pressa, sem conclusões apressadas, que olhemos para o outro como ele é, e não como gostaríamos que fosse.

Acalmar a corrida e acreditar que o outro é capaz são fortes razões para que a escola acredite que é importante desenvolver o diálogo.

Sozinha com a multidão

Que mundo apressado!
Andando na rua,
olho pro chão,
não olho pro lado,
vejo as horas,
caminho mais rápido,
esbarro nos outros,
não peço desculpas,
preciso chegar.
O tempo é precioso.
Subir ao vigésimo andar
come minutos,
atrasa o jantar.
Nesta corrida, não vejo você,
não escuto seus pedidos,
não seco suas lágrimas,
não me dedico aos queridos...
Tenho medo dos perigos,
não olho para os lados,
olho para o chão.
Evito desagrados,
vejo as horas,
apresso os passos
e chego, então.
Finalmente!
O meu prato...
Vazio!?
Com a pressa, esqueço
de comprar o alimento
com o qual, sozinha, me aqueço.

Eis uma razão humana para defendermos o diálogo também na escola: as diferenças culturais, de crenças, de atitudes e a guerra que alimenta a venda de armamentos e incentiva o poder como forma de discriminação que indigna podem, também, ser razões para que defendamos a presença do diálogo na escola.

Outro objetivo, extraído parcialmente dos PCN (Barbosa, 2002, p. 38-40), diz respeito à autoimagem e será agora analisado.

- **Construir uma imagem positiva de si e o respeito próprio para inserir-se na vida da comunidade com dignidade.**

Essa faceta da ética é uma das mais importantes no desenvolvimento humano por envolver a consciência do fazer a si mesmo na relação com o outro, com o grupo e com as normas sociais de convivência estabelecidas para aquele grupo. É essa autovalorização que pode nos impulsionar para a realização de nosso projeto de vida.

O que precisamos ter claro é que um projeto de vida não pode estar atrelado à forma como o capitalismo propõe a realização das pessoas. No capitalismo, costumamos vender ilusões e sabemos que os projetos de vida precisam existir, mas isso não pode ser estimulado de forma inconsequente, não é possível afirmar para o aluno: "É só estudar e poderá ser o que deseja, é só se esforçar e terá o que deseja".

Sabemos que vivemos num mundo de desigualdades, que necessitam ser superadas, porém, essa problemática não pode ser vista e analisada de forma superficial. Fazer a si mesmo, na relação com o outro e com as normas sociais, supõe discussões verdadeiras que auxiliem na construção da dignidade das pessoas. É preciso oportunizar o aparecimento das qualidades de cada aluno. É preciso que o professor acredite em suas possibilidades para que o aluno possa descobrir a si mesmo, investir em si, lutar pelos seus diretos e aprender seus deveres.

A construção de uma imagem positiva não pode ser fantasiosa nem distante da realidade. Cada um tem o direito de perceber-se tal como é e de traçar projetos para sua própria superação. Essa é uma tarefa muito difícil, mas não impossível. Se tivermos claro que as pessoas não nascem prontas e que, apesar de a história determinar algumas situações da vivência humana, é possível a transformação de pequenas situações dentro do próprio espaço escolar. Se soubermos lidar com os preconceitos que existem no espaço da sala de aula, talvez possamos lançar algumas sementes em relação às injustiças sociais que existem em nosso país.

Uma razão para lidarmos com a discriminação que rotula é valorizar as capacidades daqueles que desejam aprender.

> *Padre Cabral levara os deveres para corrigir em sua cela. Na aula seguinte, entre risonho e solene, anunciou a existência de uma vocação autêntica de escritor naquela sala de aula. Pediu que escutassem, com atenção, o dever que ia ler. Tinha certeza, afirmou, que o autor daquela página seria, no futuro, um escritor conhecido. Não regateou elogios. Eu acabara de completar onze anos.* (Amado, 1987, p. 118)

Possivelmente, essa ação do Padre Cabral ajudou a decidir o aparecimento de um dos grandes escritores brasileiros. A valorização das capacidades ajuda os aprendizes a escolherem e a trilharem caminhos, especializando-se cada vez mais.

O importante, no entanto, não é valorizar apenas um aluno ou apenas aqueles que se destacam. É importante valorizar o que cada um possui de positivo.

Eis uma razão para não valorizar apenas alguns:

> *Bate Lata já ganhou a cena nacional, tanto pela peculiaridade de seus músicos e instrumentos quanto pelo vigor com o qual dá o seu recado de luta pela justiça social. Composto de crianças e adolescentes, de 10 a 17 anos, da região dos Jardins de Campos Elíseos e Santa Lúcia, o grupo combina instrumentos convencionais de percussão com alternativos, confeccionados a partir de latões, tubos de PVC e todo tipo de sucata.* (Pereira, 2000, p. 38)

Infelizmente, nas minhas visitas a escolas, presenciei educadores com dificuldades de valorizar as capacidades de todos os seus aprendizes. Percebi o quanto é mais fácil apontar defeitos e qualidades do que promover o desenvolvimento humano por meio da valorização e da construção da autoimagem. Essa constatação é uma razão para indignação.

Alguns professores não conseguem perceber que as pessoas não são só ruins ou só boas, mas promovem uma rotulação, na sala de aula, que se traduz em desenvolvimento de pessoas incapazes, antissociais, medrosas, submissas, revoltadas e tantos outros adjetivos. Quanto mais acentuam os aspectos negativos de seus alunos, mais caminham em direção à deseducação e à formação de seres "meio humanos"; quanto mais acentuam aspectos positivos de apenas alguns, mais reforçam o pensamento competitivo entre seus alunos e contam que as pessoas são como são, deixando aquele que é visto apenas como bom desprotegido para enfrentar dificuldades e frustrações que a vida impõe, em maior ou em menor grau, para todos nós.

- **Assumir posições segundo seu próprio juízo de valor, considerando diferentes pontos de vista e aspectos de cada situação (Barbosa, 2002, p. 41-44)**.

Para que alguém assuma sua posição em uma situação, é preciso construir um sistema de valores, e isso acontece na história de cada um.

Segundo Pichon-Rivière (1988, p. 122), é a partir das interações que fazemos, no decorrer de nossas vidas, que construímos esquemas conceituais, que servem de referência para nossa ação no mundo. O autor chama esse fenômeno de *Ecro* (*esquema conceitual, referencial, operativo*). Não é apenas na escola que construímos nosso juízo de valor, durante toda a vida, formamos tais esquemas que nos regem e fazem com que sejamos mais ou menos humanos, mais ou menos justos, mais ou menos preocupados com a coletividade.

A escola, certamente, faz parte desse processo; durante nossa estada nesse meio, aprendemos também a julgar, a criticar, a avaliar e, assim, ampliamos o nosso sistema de valores. Como temos histórias diferentes e construímos nosso sistema de valores a partir de experiências particulares, não podemos esperar que todos tenham os mesmos pensamentos, julguem da mesma forma, ajam do mesmo modo. Por isso, precisamos conhecer várias posições e pontos de vistas para nos identificarmos com um ou com outro, para questionarmos o nosso, tendo em vista outras posições e avançarmos em nossa forma de abordar a realidade ou para que fortaleçamos nossa posição. Uma das práticas que nos ajudam a atingir tal objetivo na escola é, com certeza, a utilização de abordagens diferentes na discussão de temas transversais polêmicos.

Vivenciei um exemplo disso em uma das escolas para a qual dou assessoria:

A professora perguntou para os alunos: "Qual foi a maior invenção da humanidade: o livro ou o computador?" Isso resultou num estudo muito interessante, que contou, inclusive, com uma pesquisa de campo. Os alunos terminaram o projeto divididos em dois grupos: um para defender o computador e outro para defender o livro. Muitas posições foram apresentadas em um julgamento simulado. O juiz, ao final, declarou que ambas as invenções foram importantes e que tanto o computador como o livro apresentam aspectos a serem sublinhados positivamente e podem receber críticas neste momento histórico.

Foi muito gratificante ver um grupo de adolescentes construindo e defendendo sua opinião e sua posição diante de uma polêmica; esse exercício, tenho certeza, pode ser iniciado muito cedo, em turmas do ensino fundamental, em decisões do cotidiano. Quando o professor não dirige sempre, quando consulta, quando as crianças opinam e são ouvidas, quando a decisão é tomada a partir de mais de uma ideia, o exercício já está iniciado.

Crianças de 1ª série, por exemplo, podem decidir por qual país desejam iniciar uma viagem fantástica, sugerindo, escolhendo e abrindo mão da sua opinião para a opinião da maioria. Assim também podemos fazer todos nós, como um objetivo da formação humana, um dos mais importantes, que nos leva a aprender a nos colocar no lugar do outro.

Isso não descarta o fato de que, em alguns momentos, o professor deva dirigir uma determinada situação, quando as crianças não possuírem maturidade para tomar decisões a respeito de certo tema no momento, por exemplo.

Para assumir posições segundo seu próprio juízo de valor, pressupomos que os sujeitos partem de outros pontos de vista, além do contato com outras opiniões; há um exercício pessoal de olhar a situação sob vários ângulos e considerar a análise de várias possibilidades. Na verdade, isso significa utilizar várias linguagens, tanto para compreender quanto para expressar a compreensão.

Essas razões nos levam a acreditar que é importante conhecermos as mais variadas posições diante de um fenômeno. Então, Fagali (2001, p. 80) apresenta outra razão, um motivo para conhecer as diversas posições:

Esta diversidade de expressões traz, em si, diferentes formas de processar, utilizando uma variação de recursos cognitivos e afetivos, destacando ângulos da realidade. [...]

Considerando esta visão diversificada da realidade é que muitos pensadores nos falam de múltiplas formas de pensar, de aprender, de contatar e processar o conhecimento. Estas abordagens em busca do plural questionam a postura do pensamento ocidental que supervalorizou, apenas, o pensamento racional, lógico e formal, como a maneira mais adequada de compreensão da realidade.

O exercício frente à diversidade nos faz compreender o quanto a neutralidade, incentivada por outras visões educativas, é perniciosa. Só é válido conhecermos vários pontos de vista frente a uma situação se for para tomar a nossa posição. Por isso, gostaria que fizessem uma reflexão sobre mais uma razão para não defendermos a neutralidade:

Lutar pelo direito que você, que me lê, professora ou aluna, tem de ser você mesma e nunca, jamais, lutar por essa coisa impossível, acinzentada e insossa que é a neutralidade. Que é mesmo a minha neutralidade se não a maneira cômoda, talvez, mas hipócrita, de esconder minha opção ou meu medo de acusar a injustiça? (Freire, 1996, p. 136)

A intenção dos PCN, quando propõem os temas transversais e, particularmente, a ética, é promover o pensamento sobre as atitudes pessoais e grupais a partir de princípios, e não de receitas. O estabelecimento de critérios e valores, ou melhor, a hierarquização dos mesmos, possibilitará a existência de um norte, tanto para as ações na sociedade quanto para a sua análise e a realização da tão sonhada sociedade mais justa.

Caros professores, chegou a hora de assumirmos que não somos neutros, que possuímos valores que não são únicos nem verdadeiros, mas que são valores em que acreditamos e podem ser modificados ou servir de norte para as nossas atitudes. Com esses valores, realizamos nossa docência, porém, não faremos a divulgação de uma doutrina que pretende fazer com que todos pensem da mesma forma sobre todas as situações que envolvem o ser humano.

No entanto, os valores humanos que se encontram no topo da hierarquia, relacionados à vida, à liberdade e ao respeito ao próximo, em nossa cultura, precisam prevalecer não como um totem ao qual devemos obediência cega, mas devem ser conhecidos na sua dimensão histórica e geográfica. Nem sempre as sociedades pensaram da mesma forma e, no momento histórico atual, diferentes povos possuem diferentes julgamentos a respeito dos valores humanos.

Essa não é uma tarefa fácil, mas talvez seja nossa pequena contribuição para uma sociedade mais justa. Como diz o ditado: mãos à obra!

Pluralidade cultural

Temos consciência de que precisamos respeitar a diversidade presente no mundo e tão evidenciada na publicidade, nas igrejas, no cinema, nas escolas e em outras instituições de divulgação dos valores humanos. Além do respeito, é preciso mostrar uma nova atitude aos nossos alunos. Ensinar, no entanto, exige que levantemos questões, assim como aborda Barbosa (2002, p. 46-47), a seguir. Iniciamos nossa caminhada fazendo as mesmas perguntas, a partir dos objetivos propostos para o tema transversal pluralidade cultural.

- *Conhecemos a diversidade do patrimônio cultural brasileiro? O quê? Quanto? Por meio de quê?*
- *Respeitamos pessoas e grupos que apresentam características de outras culturas em seus hábitos, costumes, crenças, alimentação e outros? Quais histórias temos para contar sobre querer que um aluno aja de determinada forma, sem sabermos o que sua família pensa, se ela compartilha da mesma visão?*
- *Valorizamos as diversas culturas que compõem o povo brasileiro e as reconhecemos como contribuintes no processo da constituição da identidade brasileira? De que forma?*
- *Reconhecemos o valor da cultura na formação do cidadão? O que fazemos na prática para demonstrar esse reconhecimento?*

- *Discriminamos algumas das culturas desenvolvidas no território nacional? O que é difícil aceitar, tendo em vista nossas crenças, usos e costumes, a ponto de criar um preconceito?*
- *Apresentamos atitudes de empatia e solidariedade frente àqueles que sofrem algum tipo de discriminação? Como agimos quando isso acontece?*
- *Repudiamos qualquer tipo de discriminação baseada em diferenças de raça, etnia, classe social, crença religiosa, sexo e outras características individuais e sociais? Como lutamos frente a isso?*
- *Exigimos respeito para nós mesmos e denunciamos atitudes de discriminação que violem nossos direitos de pessoas e cidadãos? Conseguimos nos valorizar como classe profissional e como pessoas?*
- *Valorizamos o convívio pacífico e criativo dos diferentes componentes da diversidade cultural? Somos capazes de fazer análises profundas sobre isso? Somos capazes de resolver pequenos conflitos que podem surgir na sala de aula com a mesma profundidade, sem dizer simplesmente: "Peça desculpas a ela porque discriminar é muito feio e não se pode fazer isso com um colega?"*
- *Compreendemos a desigualdade social como um problema de todos e como uma realidade passível de mudança? Como nos posicionamos, na vida real, diante daqueles que não têm o que temos e daqueles que têm muito mais do que nós?*

Se estivéssemos fazendo uma prova, saberíamos responder a todas essas questões de forma coerente, com explicações e justificativas sensatas? Como você acredita que se sairia como aluno? Como seu professor classificaria suas respostas? Você se sente preparado para trabalhar com esse tema?

Vivemos, no entanto, numa época em que é permitido não saber também para o professor, por isso, nossas respostas podem ser o início de uma discussão, e não uma contribuição pronta e acabada.

Nós, professores, ao falarmos do tema pluralidade cultural, também somos aprendizes, já que essa questão precisa ser tratada com muita cautela. Sua negação leva à ideia de que todos somos iguais e precisamos aprender as mesmas coisas, no mesmo momento, com os mesmos recursos e obtendo os mesmos resultados; sua aceitação pode nos levar a uma visão liberal de que cada um é um, especial, único e, portanto, precisa ser respeitado, gerando uma visão individualista de educação.

O tema pluralidade cultural deve ser tratado num contexto em que sejamos considerados iguais, porque somos humanos e respeitados nas diversidades, de tal forma que não incorramos no erro de defender o individualismo, e sim a individualidade. Precisamos lembrar de que a individualidade é decorrente da coletividade, de que identidade cultural é possível quando fazemos parte de um grupo, de uma comunidade. A convivência entre culturas diferentes é esperada em um mundo globalizado; trocar a partir das diferenças e da diversidade cultural faz com que nos modifiquemos sem nos submeter a qualquer que seja a manifestação cultural.

Para podermos educar, é importante nos colocar no lugar daquele que será educado. Pensar sobre essas questões pode auxiliar nosso trabalho docente, como propõe Barbosa (2002, p. 48):

> Essas perguntas, no entanto, questionam sobre como nós, professores, posicionamo-nos diante daquilo que está colocado como objetivo para os alunos do ensino fundamental. Tais objetivos estão postos nos PCN para que os alunos possam desenvolver a capacidade de conhecer e valorizar a diversidade cultural, repudiar as discriminações que denigrem a dignidade humana, compreender as desigualdades sociais e desenvolver atitudes de solidariedade frente àqueles que sofrem discriminações.

Muitas vezes, ao receber mensagens, não percebemos que muitas delas possuem intenções específicas e destinos certos.

Uma proposta interessante para aperfeiçoar nossa percepção é realizar uma leitura de imagens e textos lançados pela mídia, procurando extrair o que se encontra latente, a intenção com que aquela mensagem foi construída. Por exemplo: analisar quais valores são destacados, quais preconceitos são escondidos ou maquiados atrás de uma bela imagem ou de uma frase de efeito.

Para que iniciem o exercício de pensar sobre seus posicionamentos diante da diversidade, proponho algumas perguntas, seguidas de minhas reflexões. Se defendo a ideia de que perguntar, mais do que dar certezas, promove a aprendizagem, proponho que comecemos a experimentar tal afirmativa para que você, como professor, possa perceber em que medida sua curiosidade é aguçada diante de questionamentos.

A seguir, é proposto um exercício com o uso de imagens, que leva à reflexão e à ação. Então, vamos iniciar essa atividade observando as imagens a seguir e, depois, procurando refletir sobre as questões propostas.

Observe a imagem a seguir.

Projeto de Raul

foto cedida pela autora

Você sabia que essa imagem (Projeto de Raul) revela uma manifestação cultural?

a) Quando estamos com nossos alunos, permitimos que eles representem as manifestações culturais de suas realidades? O que conhecemos da nossa cultura e da cultura de outros estados, países e épocas? Conseguimos passar para os alunos essa diversidade? De que forma? O conhecimento deles sobre o tema e a própria cultura são considerados em nosso trabalho de sala de aula?

Temas transversais

Agora, observe a próxima imagem.

Laura

foto cedida por Sonia Küster

O objetivo dessa imagem (Laura) é fazer com que você reflita sobre o que sabemos e o que não sabemos.

b) Como recebemos nossos alunos quando percebemos que eles são pobres, possuem outra crença, apresentam deficiência, falam outro idioma ou vestem-se de forma diferente? Na sua opinião, esses alunos constituem outro motivo para lutarmos pela justiça?

c) Respeitamos as pessoas e os grupos que apresentam características de outras culturas, percebidas em seus hábitos, costumes, ações? Será que pensamos na cultura de um aluno quando queremos que ele faça exatamente o que esperamos, sem questionarmos sua história anterior? Pense que você pode se assustar ao ver um aluno comendo algo com a mão. Talvez o susto seja apenas o desconhecimento de uma cultura ou mesmo falta de educação? Tudo que nos é estranho leva a uma posição de defesa, porém, se estivermos disponíveis para conhecer, podemos mudar de opinião e de atitude.

d) Será que reconhecemos e valorizamos as diferentes manifestações culturais existentes no Brasil como contribuintes do processo da constituição da identidade brasileira?

Preste atenção na imagem a seguir.

Projeto Lendas – Escola Terra Firme

foto cedida por Raphael Bernadelli

e) Fazemos diferenças de gênero? Se sim, utilizamos uma ação para valorizar a diferença como algo positivo ou para desvalorizar e denegrir? Somos sensíveis à beleza que existe nas diferenças? Proporcionamos oportunidades para que os alunos desenvolvam uma percepção crítica? O quanto incentivamos a valorização das diferenças?

Observe a imagem seguinte.

Projeto Grafite

foto cedida pela autora

f) Quais são as manifestações culturais na sua região? Como você as relaciona a outras épocas e culturas? Você conhece lendas brasileiras? Você conhece a diversidade do artesanato brasileiro? Você conhece as canções de seu país, os diversos ritmos e as toadas? E a alimentação? Você já percebeu a variedade de sabores e nomes que possuímos nas nossas culinárias? Qual a alimentação de outra região que já foi absorvida pela sua? E a linguagem? Você já estudou com seus alunos a influência da linguagem de uma região sobre as outras? A linguagem veiculada pela televisão tem a ver com a linguagem que circula na sua região? Como ela tem influenciado o vocabulário de seus alunos?

g) Apresentamos uma atitude de empatia diante daqueles que sofrem qualquer tipo de discriminação? Como agimos quando isso acontece?

Agora veja as próximas imagens.

Na beira da estrada I

Na beira da estrada II

fotos cedidas por Henrique Karam

E você, o que sente diante do estranho? O que você pensa quando vê algo estranho? Kinas (2006, p. 2) faz a seguinte colocação sobre os diferentes, considerados, por nós, estranhos:

> Os 'outros', quase invariavelmente, não são apenas 'diferentes' ou 'estranhos'; antes, são considerados inferiores, atrasados, primitivos, perigosos, entre outros adjetivos. [...]
>
> O processo de intolerância à diferença permite desastres como aqueles denunciados por Goya ou Marx.
>
> Que ninguém se engane, estamos falando do fetiche da mercadoria, da desigualdade criminosa de renda, das guerras por energia, da demonização dos movimentos sociais, do moralismo hipócrita, do sentimentalismo sedutor, da falência ética. Dominação política, exploração econômica e missionação marcaram estes últimos quinhentos anos.

E quando nós somos o diferente? Como nos portamos? A disponibilidade para conhecer o diferente se aprende, sobretudo, pelo exemplo. Quando saímos do espaço da onipotência, conseguimos perceber o outro e aprendemos com ele. Também somos diferentes para ele; se não nos assustarmos um com o outro, poderemos construir algo novo e enriquecedor para todos. Essa é uma das grandes vantagens de uma vida plural, vivida na coletividade, considerando nossos pares.

Já tive várias oportunidades de sentir-me diferente e de, inicialmente, sofrer por isso. Quando estive na Bulgária, quando engordei demais na adolescência, quando tinha vergonha de ler em público e ficava com o rosto vermelho, quando queria ajudar a todos que estavam sofrendo no mundo e em muitas outras situações. E você, já se sentiu diferente? Já sofreu por isso? Como tentou superar tal incômodo? Será que precisamos ser exatamente iguais para não ter esses sentimentos?

Precisamos aprender/ensinar que a igualdade que buscamos é a do humano, dos direitos e dos deveres que possuímos por sermos da mesma espécie e por pertencermos a uma comunidade, que a diferença que buscamos é a da individualidade, da cultura na qual nascemos inseridos, das especificidades do nosso sexo, das características de cada idade, das preferências e tantas outras.

h) Repudiamos a diferença que discrimina, rotula e cristaliza? Como reagimos frente à desigualdade que humilha o discriminado?

i) O que você sente diante de imagens de pessoas muito diferentes?

Pense em como trabalha em sala de aula, para que seus alunos possam conviver com a diferença de forma tranquila, sem marginalizar colegas e outros profissionais da escola por destoarem daquilo que o senso comum chama de normal.

O diferente

Sua face torcida me assusta;
Sua alma despida me encanta;
Aos meus olhos, é feiúra robusta;
Quase ogro, Quasímodo... frustra;
No entanto, gene de melodia... mantra.
Sua imagem me distancia, afasta,
Mas é mais do que a lenda conta.
É semelhante e diferente,
Assim como são todas as pessoas;
Aconchegam-se em continentes
E fogem da simples garoa.

O respeito ao outro e a si é sinal de respeito pela humanidade, pelo que nos faz ser da mesma espécie, da mesma massa, no entanto, temos histórias que nos diferenciam, distanciam e aproximam. Conhecer a história do outro e contar a nossa nos torna únicos e, ao mesmo tempo, iguais.

Baibich (2001, p. 24) diz que o preconceito que possuímos diante do diferente contém a necessidade de diferenciarmo-nos dos outros, de termos uma referência para a violência. Isso ocorre, preferencialmente, em ambientes nos quais a disciplina é muito rígida. Desde crianças, as pessoas reprimem a raiva, e, na idade adulta, ela pode aparecer em forma de discriminação em diferentes graus.

Estamos, então, como professores autoritários, contribuindo para a formação de uma geração preconceituosa? Quando o professor grita para que os alunos calem a boca, não está lançando a imagem de que falar é ruim e se submeter é bom?

j) Valorizamos o convívio pacífico e criativo dos diferentes componentes da diversidade cultural? Somos capazes de resolver pequenos conflitos em sala de aula, levando os envolvidos a sério, fazendo-os pensar e buscar soluções, ouvindo as diferentes opiniões e posições?

Analise a imagem a seguir.

Diverso

foto cedida pela autora

Os conflitos surgem, normalmente, da constatação frente às diferenças. Precisamos, como educadores e aprendizes, não tomar partido, mas promover o entendimento entre as partes envolvidas. Exatamente nesses momentos é que ensinamos a possibilidade da convivência, da coexistência entre ideias, sentimentos e percepções diferentes.

Percebo, como educadora, que as crianças esperam de nós, adultos, lições de moral para seus supostos adversários e surpreendem-se quando, em vez de escolhermos entre a ação considerada por elas certa ou errada, paramos para ponderar com aqueles que se encontram envolvidos no impasse.

Quando perguntamos e ouvimos duas ou mais partes envolvidas numa questão, todos são convidados a pensar juntos, a colocar-se no lugar do outro e a buscar uma solução em conjunto.

k) Compreendemos as desigualdades sociais como um problema de todos?

Agora observe a imagem a seguir.

Biodiversidade

foto cedida pela autora

Por que tantas perguntas em um tema tão abrangente e importante?

Certamente, porque precisamos de muitas perguntas para sair do lugar-comum. Se não nos perguntamos, não nos desestabilizamos e não sentimos necessidade de pensar, de buscar outros saberes e ações para realizar a mudança.

Sabemos que a pluralidade cultural fala das diferenças, mas também sabemos que não é somente a diferença cultural que aparece na escola, portanto, quando pensamos em diversidade, em pluralidade, pensamos em todos nós, em nossas diferenças, histórias e vida individual. Para humanizar-se, a pessoa precisa se voltar para o grupo, para o conjunto, para a convivência, de tal forma que essas diferenças sejam colocadas em movimento na relação, para que as pessoas não fiquem iguais para sempre, mas para que cresçam e modifiquem-se com a interação das diferenças.

Todos nós somos diferentes, no entanto, as diferenças que interferem na dignidade das pessoas, como as diferenças sociais gritantes existentes em nosso país, são problemas de todos nós, como cidadãos.

Não podemos acreditar que grandes diferenças que marginalizam pessoas possam ser de responsabilidade apenas de alguns. Precisamos participar do processo de humanização de nossa escola, bairro, cidade e país, com as ferramentas que possuímos, oportunizando que todos tenham voz e espaço e possam produzir e amar. Nossos alunos precisam aprender que pobreza, cor e religião não são sinônimos de inteligência. Eles aprenderão isso quando nós, em nossas ações, dermos espaços iguais para todos os alunos, independente de seu nível socioeconômico, cor, raça ou crença.

Meio ambiente

Durante muito tempo, o ser humano sentiu-se superior ao ambiente em que vive, acreditou ser mais importante do que todas as espécies que vivem no planeta

Observe a imagem a seguir.

Também moradores

foto cedida pela autora

Com o passar do tempo, porém, percebemos que somos parte deste mundo como qualquer outra espécie, percebemos que ele faz parte de nós assim como de qualquer outra espécie. Morin (1991, p. 183), ao apontar para nossa humildade como moradores deste planeta, comenta: "Assim, o mundo está em nós, ao mesmo tempo em que nós estamos no mundo". Agora preste atenção na próxima imagem.

Espaço celeste

foto cedida por Henrique Karam

Faz-se necessário o desenvolvimento de uma consciência ecológica que aumente a preocupação com questões mais amplas e complexas que dizem respeito à Terra e a todos os seres que nela habitam.

Do espaço celeste à casa que habitamos, e vice-versa, é preciso dar importância a todas as nossas ações que revelam o cuidado com nosso meio e conosco.

Ambientes naturais, artificiais, externos, internos, educativos, deseducativos, cuidados, descuidados fazem parte desse tema, cujo verbo principal é *cuidar*. Precisamos preservar a vida, e a ela se dá no ambiente com todas as suas nuanças.

O tema que trata do meio ambiente deve ir além dos interesses egoísticos, deve visar o desenvolvimento de uma consciência que ultrapasse a vida humana, os interesses de uma geração, o espaço desse continente e preocupe-se com a biosfera, de forma geral, caracterizando-se por ser uma consciência planetária.

Observe a imagem a seguir.

A casa de praia

foto cedida por Henrique Karam

Segundo Morin (1991, p. 183-184), devemos abandonar a visão insular de homem e a ideia de que o ser humano é superior às outras espécies que habitam o planeta. Somos seres que vivemos em um espaço no qual existem relações sistêmicas entre os vários elementos que nele coabitam. A eliminação de um desses elementos interfere na vida de todos os outros, por isso, não existe a cultura do onipotente, mas sim a da cooperação e do avanço.

O ser humano já fez tantos "estragos" no mundo que está, hoje, vivendo as consequências disso. Por exemplo: no inverno, as temperaturas estão mais altas do que o normal, o que ocasiona a falta de chuvas e interfere na distribuição de água.

> *Na verdade, vivemos uma situação paradoxal; ao mesmo tempo em que nos inserimos no ambiente, distinguimo-nos da natureza. A história da humanidade mostra-nos a constante interação existente entre o ser humano e a biosfera.*
>
> *Hoje, entrando no século XXI, essa interação não nos mostra um quadro animador, pelo contrário, embora estejamos nos organizando para detonar um processo de conscientização, visando a preservação do planeta, podemos destruir nosso ambiente e a nós mesmos se considerarmos as ações*

que continuamos desenvolvendo, presos numa microvisão de humanidade, numa visão capitalista que cria necessidades e desvaloriza aquelas verdadeiramente humanas. (Barbosa, 2002, p. 62-63)

O capitalismo, um dos responsáveis por essa situação, primeiro atende às necessidades do capital para, depois, atender às necessidades humanas.

Para Gadotti (2002, p. 10-13), a superação dessas questões pode passar pela criação de uma pedagogia da Terra, que se preocupe em construir paradigmas voltados para a sustentabilidade e para a paz. É preciso encontrar uma forma de continuar crescendo economicamente sem que, para isso, tenhamos de destruir o ambiente e, consequentemente, a nós mesmos. Cuidar do mundo, do espaço, do ambiente é responsabilidade de todos. Por isso, passa a ser, também, uma responsabilidade da escola.

Imbernón (2001, p. 34-38), ao falar para a *Pátio Revista Pedagógica*, diz que a escola ou qualquer outra instituição educativa já não pode mais ficar isolada para educar. Ela precisa de outras instâncias de socialização com as quais possa dialogar para educar seus alunos; essas instâncias encontram-se na comunidade.

Para que a relação entre escola e outras instâncias da sociedade aconteça, visando o objetivo de preservar o planeta, é preciso destacar alguns pontos para os quais devem convergir os esforços. Tais pontos foram trazidos para essa discussão sobre PCN e temas transversais e estão relacionados a seguir.

- *O respeito pelas comunidades dos seres vivos em geral.*
- *A melhoria da vida, subordinando o desenvolvimento econômico à dignidade humana.*
- *A conservação da vitalidade e da diversidade do planeta Terra.*
- *A minimização do esgotamento de recursos que não se renovam.*
- *O respeito pelos limites da biosfera e dos ecossistemas que dela fazem parte.*
- *A modificação das atitudes em relação ao ambiente e à vida.*
- *A permissão para que as comunidades participem do cuidado com o ambiente.*
- *A geração de uma estrutura nacional que integre desenvolvimento e conservação.*
- *A constituição de uma aliança global para tornar nosso planeta viável para o futuro.* (Barbosa, 2002, p. 64-65)

O estudo do ambiente sob essa ótica exige que o conceito de diversidade vá além do âmbito sociocultural e atinja o âmbito biológico. A visão ecológica permite perceber o quanto estamos interferindo no mundo e nas condições ambientais e o quão graves são as mudanças provocadas por essas interferências.

A conservação da diversidade biológica na Terra é um elemento importante para a regulação dos desequilíbrios existentes no meio ambiente. É a biodiversidade que traz equilíbrio e possibilita uma vida com mais qualidade. A conservação da diversidade cultural, tema anterior, também se relaciona à vida de qualidade, pois o ambiente, numa visão atual, ecológica, refere-se não só ao espaço natural, mas também àquele construído pelo ser humano na história da cultura.

> *Na verdade, a questão do meio ambiente diz respeito a todas as disciplinas do conhecimento, pois fala da natureza, da participação do ser humano nessa natureza, da sua estranheza em relação a ela, da existência humana através dos tempos, de paradigmas que sustentam as ações humanas sobre a natureza e a cultura, de justiça social, de aspectos biológicos, sociais, antropológicos etc. Na verdade, esse tema transversal é muito mais do que isso; é a razão pela qual existimos e pela qual lutamos para continuar nossa existência nesse planeta.* (Barbosa, 2002, p. 65)

É preciso aprender novas abordagens que valorizem todas as vidas desse planeta e que considerem a existência de recursos não renováveis, de extrema importância para a vida. Faz-se necessária uma consciência planetária que, para desenvolver-se, deve iniciar pelo pequeno, pelo interior, pelo próximo. Porém, rapidamente, é necessário traduzir isso em consequências externas. É preciso mudar a atitude diante da água, da energia e dos materiais de difícil reciclagem, que se transformam em lixo e que ameaçam a vida no planeta.

A escola, bem como outras instituições sociais, pode contribuir com isso, diminuindo o uso de tais materiais e promovendo a conscientização. Não é possível ter consciência se, no cotidiano, convivemos com a não consciência. Até bem pouco tempo, a água, por exemplo, era considerada um recurso sem fim, hoje, no entanto sua utilização e desperdício estão preocupando todos os habitantes da Terra, pois o crescimento populacional é, proporcionalmente, maior do que a disponibilidade de água.

Segundo Morin (1991, p. 23-24), a questão da energia, considerada pelo relatório de Meadows[*] como um elemento de preocupação, foi modificada diante das possibilidades da energia solar e da energia nuclear. No entanto, a energia elétrica já aparece como problema emergente e desestabilizador do ambiente em nosso país, neste início de século. A atitude de economia nessa área também tem sido emergente, e a mudança de hábitos torna-se necessária.

Gore (2006, p. 305) afirma que, apesar da gravidade dos problemas que ameaçam nosso planeta, não podemos acreditar que não há o que fazer. Pelo contrário, existem tarefas que podem ser realizadas pelos cidadãos comuns como importantes contribuições para a solução dos problemas globais. Muitas dessas contribuições possuem benefícios paralelos, como usar menos energia auxilia na economia doméstica. O autor também faz outras sugestões para diminuir os problemas globais. Entre elas: usar aparelhos domésticos de eficiência energética mais alta; conservar corretamente seus aparelhos; aquecer e resfriar a casa com eficiência, procurando não exagerar no calor nem no frio; reduzir o uso de água quente; mudar para energia "verde", advinda de elementos da natureza – as chamadas fontes limpas; reduzir o uso de carros e outros meios de transportes que utilizem gasolina como combustível; caminhar e andar de bicicleta; usar transporte público e participar de rodízio de carros; usar combustíveis alternativos; consumir menos e comprar produtos de maior durabilidade; "pré-ciclar" (selecionar o que consome e consumir o necessário, usar sacolas de compras reutilizável, não desperdiçar papel e outros), além de reciclar.

---

[*] "Considerado um dos marcos do debate sobre meio ambiente e desenvolvimento, foi elaborado na década de 70. Trata-se de um estudo realizado por cientistas e técnicos do MIT (Massachusetts Institute of Technology) a pedido do Clube de Roma sobre a dinâmica da expansão humana e o impacto da produção sobre os recursos naturais. O relatório alertava para a impossibilidade do mundo continuar nos então atuais patamares de crescimento, sob pena de um drástico esgotamento dos recursos naturais" (RELATÓRIO de Meadows, 2007).

Quanta coisa podemos fazer como cidadãos! Esforços pessoais podem contribuir para a saúde do planeta e para a nossa melhoria de vida. Esses ensinamentos podem ser aprendidos no trabalho com os temas transversais, sendo de suma importância para a preservação da espécie humana no planeta Terra.

Outra questão que deve ser objeto de reflexão no tema transversal meio ambiente está ligada à sabedoria ancestral e ao legado humanístico que os povos indígenas oferecem por meio de sua cultura. Os indígenas, embora primitivos do ponto de vista tecnológico, segundo Boff (2001), são altamente civilizados se considerarmos a sintonia que estabelecem com o universo. Lidam com o céu e a terra e outros elementos considerados opostos em nossa cultura, de forma a harmonizá-los dialeticamente.

Muitos de nós desvalorizam essa cultura e não acreditam que podemos incorporar muitos dos conhecimentos indígenas para preservar o ambiente, ao mesmo tempo em que nos preservamos.

> *Esta sabedoria precisa ser resgatada e aprofundada pela humanidade em processo de unificação, para colocarmos sob controle e darmos um sentido ético e construtivo ao imenso poder tecnológico que conquistamos. Sem sabedoria, este poder poderá nos destruir e dizimar o nosso maravilhoso planeta vivo.* (Boff, 2001, p. 155)

Essa visão mostra que os indígenas são ecologistas há muito tempo. Eles se adaptaram à natureza sem destruí-la, preocuparam-se com detalhes importantes e cuidaram da terra porque acreditavam que ela era "mãe" e responsável pelo sustento de todos seus habitantes.

Nossa intervenção na cultura indígena fez com que muitas tribos fossem descaracterizadas, desenvolvendo nos índios de hoje uma atitude de dependência em relação ao mundo considerado, por nós, civilizado. Muitos não trabalham mais, desenvolvem comportamentos inadequados, esperam ajuda constante, não lutam mais por seus direitos e sua cultura. Outros, com a ajuda de órgãos competentes, pedem espaço para que seus gritos possam ser ouvidos e sua cultura preservada. Para Barbosa (2002, p. 69-70), todos temos responsabilidade pelo resgate e pela preservação da cultura indígena em nosso país:

> *O resgate da cultura indígena é também nossa responsabilidade e, portanto, precisamos arregaçar as mangas e começar a trabalhar em conjunto. Se, em vez de nos considerarmos descobridores das terras indígenas, considerássemo-nos aprendizes, possivelmente estaríamos em uma outra condição diante das ameaças que sofre o planeta. [...]*
>
> *Na verdade, devemos nos conscientizar. Se fomos capazes de construir barbaridades, seremos também capazes de desconstruí-las, de modificá-las. É só termos a mesma vontade que nos moveu, mas no sentido contrário. Antes, a motivação era o ter, o capital; agora, a motivação precisa ser o ser e, principalmente, o compartilhar, para podermos fazer algo em direção à vida e à paz.*
>
> *Já existem muitos esforços nesse sentido, são práticas educativas que desenvolvem projetos interessantes a partir de temas relativos ao ambiente e de situações da realidade que necessitam de transformações importantes. Já estão sendo realizados em escolas, desde a educação infantil até o ensino superior, projetos sobre o destino do lixo e a sua separação, sobre a reciclagem, a preservação de manguezais, o cuidado dos espaços públicos, a conservação de espaços históricos, o estudo de materiais de difícil reciclagem e sua transformação em recursos, objetivando a diminuição de prejuízo para o ambiente, a preservação das matas, a ocupação das terras etc. A questão é sabermos se, através dos projetos, nossos alunos e professores estão aprendendo o principal a ser aprendido [...] o ativismo, a certeza de que suas ações, por mais simples que sejam, fazem a diferença.*

A mudança do mundo pode começar pelo nosso quintal. Se fomos capazes de construir o mundo que temos hoje, somos capazes também de desconstruir ou de transformar.

"O que foi socialmente construído pode ser socialmente transformado. Um outro mundo é possível. Precisamos chegar lá juntos e, sobretudo, em tempo" (Gadotti, 2002, p. 10-13).

Se a vida é possível, por que, em vez de destruí-la, não caminhamos para sua ressurreição? Vamos em frente!

Cantando a vida

O Brasil é muito grande e, por isso, é importante trocarmos informações para que possamos contribuir para a melhoria da vida no planeta. A ciência precisa se comunicar com a consciência; os saberes precisam se encontrar com os sentimentos; as pesquisas precisam tocar nas necessidades humanas. Por isso, acredito que ciência e poesia complementam-se.

Além de valorizarmos a cabeça, precisamos valorizar o coração, e os poetas podem nos ajudar nesse intento. Selecionei alguns poemas sobre a Terra, a vida e o ambiente para que você, professor, possa trabalhar com a consciência ecológica de seus alunos. São apenas algumas sugestões, pois você pode, também, fazer a sua seleção. Mas não esqueça de que ela precisa estar em sintonia com a cultura de sua região do que essa feita por mim.

Leia as poesias a seguir.

Rio Bacacheri

Um passarinho me contou
Que veio aqui passear,
Beber da água do rio
E teve que voltar atrás!

Voltou, por que, sabiá?
Voltou, porque...sabe lá!
Me conta que é pra poder
Ajudar.

Ele me disse assim,
Devagarzinho e com medo:
Cheguei bem perto
E tive pena do que vi!
Não tenha pena, não!
Não tenha pena!
Porque juntos vamos alimentar.

Alimentar a sede,

A sede de reconquistar

Toda a beleza da natureza. (Serrat, 1999, p. 36)

Rosa de Hiroshima

Pensem nas crianças,

Mudas, telepáticas;

Pensem nas meninas,

Cegas, inexatas;

Pensem nas mulheres,

Rosas alteradas;

Pensem nas feridas,

Como rosas cálidas.

Mas só não se esqueçam

Da rosa, da rosa,

Da rosa de Hiroshima,

A rosa hereditária,

A rosa radioativa,

Estúpida e inválida,

A rosa com cirrose,

A antirrosa atômica,

Sem cor, sem perfume,

Sem rosa, sem nada... (Moraes, 2001, p. 147)

A primeira poesia trata de um rio que passa pela cidade de Curitiba, onde moro, e que precisou de uma grande campanha popular para que fosse despoluído. Susi Monte Serrat, cantora e compositora local, fez essa poesia e a musicou de forma a facilitar o processo de conscientização da população. Essa música tem sido cantada por muitos corais infantis e vem auxiliando a divulgação dos cuidados necessários com o ambiente. A segunda poesia é de Vinícius de Moraes e refere-se a uma questão mundial, a bomba atômica, e à capacidade humana de destruir seus iguais. É um grito, uma súplica pela humanização dos seres humanos.

Saúde

Saúde e educação foram e são os grandes problemas do nosso país. Os problemas de saúde decorrem dos desníveis sociais gritantes que existem no Brasil. Infelizmente, temos de admitir que miséria gera doença e que nos encontramos em tempos de negligência em relação a tal aspecto. Muitos hospitais são construídos, existe a preocupação em disponibilizar lugares para receber o doente, mas não para desenvolver a saúde. Por outro lado, existem dificuldades para manter os hospitais: as verbas são insuficientes e os prédios sofrem um tal processo de deterioração que acabam, em muitos casos, abandonados.

Outro foco de ameaça à saúde é o descuido com o meio ambiente, que gera um desequilíbrio, capaz de trazer consequências graves à saúde do ser humano: problemas respiratórios, doenças de pele, desnutrição, epidemias e, até mesmo, mortalidade. Em períodos de falta de água, há um desequilíbrio ainda maior. As plantas secam, as plantações são descartadas, o alimento fica escasso, o custo sobe e as pessoas com menos renda sofrem.

Nessas situações, apela-se para a população economizar água. O racionamento é instituído, as campanhas de conscientização vão para os meios de comunicação; porém, em muitos casos, as pessoas não se percebem humildes seres humanos que fazem parte de uma imensa rede de encadeamento da vida. Muitos se consideram superiores aos outros e acreditam que não precisam economizar porque têm duas caixas d'água, portanto, o mal não o atingirá.

Penso que a campanha de conscientização sobre a necessidade de economizar a água é importante, mas a conscientização de que somos humanos também o é. Somos humildes, precisamos nos ajudar, ninguém é melhor que ninguém; independente do número de caixas d'água que possua, é preciso ser solidário e entender que o que diz respeito ao outro também diz respeito a nós. Tudo isso é fundamental para uma sobrevivência saudável em nosso planeta. As ações humanas encontram-se interligadas, formam malhas de relações e nós, portanto, não somos insulares nem responsáveis apenas pelas pessoas que se encontram muito próximas de nós, pelos nossos bens e pelos nossos quintais. Somos responsáveis pelo mundo, e a sua saúde também diz respeito a cada um de nós.

Se formos levados pelo individualismo e pelo egoísmo, acreditaremos que é normal pessoas morrerem em acidentes em surtos de epidemias, devido à falta de higiene ou por falta de alimentação. A saúde não pode ser objeto de consumo apenas de uma classe privilegiada.

A informação é muito importante para que as pessoas saibam sobre seus direitos e caminhos de acesso às instituições que orientam a saúde no país. A saúde é um direito de todos os seres humanos, e não podemos permitir que essa área de desenvolvimento de nossa vida seja objeto de corrupção, como vem sendo no Brasil. A saúde pública precisa parar de ser assaltada por pessoas de má-fé que conhecem os trâmites do INSS. Só um processo de conscientização pode romper com esse ciclo de corrupção, e a escola pode contribuir com a malha de relações responsável pela nossa saúde.

Para Barbosa (2002, p. 80), a saúde não é objeto de preocupação somente da escola, mas também dela:

> *Sabemos que não é papel da escola responsabilizar-se pela saúde e pela doença do País; porém, é seu papel tornar conhecidos os problemas existentes e o caminho para prevenção. Não como um simples agente informador, mas como um agente que promove a problematização, o aparecimento da dúvida, a busca da pesquisa e das melhores formas de conscientização de seus alunos.*
>
> *No ensino fundamental, esse papel passa, em primeiro lugar, pelas necessidades reais dos alunos e alunas da comunidade que faz parte do entorno da escola. Partir dos problemas próximos pode diminuir a mortalidade infantil, minimizar a disseminação de doenças e prevenir tantas outras. Nesse sentido, o trabalho com a saúde assume um contorno diferente em cada escola na qual estará sendo desenvolvido, já que os bairros, as cidades, os estados e as regiões vivem problemáticas distintas e necessitam de soluções e aprofundamentos igualmente distintos.*

A tarefa deixa de ser apenas do(a) professor(a) de Ciências Naturais e passa a ser da escola quando saúde é trabalhada e encarada como um tema transversal. O conhecimento a ser descoberto e construído depende dos problemas daquela comunidade.

A escola pode buscar, na comunidade, questões ligadas à saúde mental, física e biológica e encaminhar o estudo desse tema transversal à luz da Biologia, da História, da Geografia, da Matemática, da Língua Portuguesa, da Arte, da Educação Física, do Ensino Religioso, da Física, da Química e de tantas outras disciplinas que fazem parte do conjunto de conhecimento humano. A escola precisa ir além dos objetivos propostos pelos PCN, para que o conceito de cidades saudáveis, constante nesses parâmetros, torne-se realidade. Não conseguiremos avançar na educação enquanto os objetivos mostrarem apenas preocupação com a compreensão do problema e com o conhecimento da situação. É preciso existir objetivos que visem a mudança de atitudes e que formem mentalidades associadas a novas formas de agir diante dos problemas sociais.

O que é possível fazer além de compreender que a saúde é um direito de todos e uma dimensão essencial do crescimento e do desenvolvimento do ser humano?

A escola precisa transformar esse objetivo em sua prática educativa, superando a compreensão e o conhecimento, bem como oportunizando para professores e alunos o conhecimento, de corpo presente, dos serviços promotores de saúde existentes em sua comunidade. Deve instigar seus aprendizes para que procurem esses serviços sempre que necessitarem, que desenvolvam instrumentos de avaliação de tais serviços para poder perceber suas fragilidades, criticar e propor melhorias, fazer exigências e contribuir para sua divulgação.

Será que você, em sua escola, consegue contribuir para que sua cidade seja uma cidade saudável? Para você, o que é uma cidade saudável?

A cidade saudável é aquela em que governantes e cidadãos, além de compreenderem que a condição de saúde é produzida nas relações com o meio físico, econômico e sociocultural, identificando fatores de risco à saúde pessoal e coletiva presentes em seu meio, são capazes de gritar em favor da vida, denunciar a poluição, o perigo em suas vias, anunciar ações que se preocupem com o movimento, a alimentação, as relações de sua população, desenvolvendo projetos que promovam a saúde.

No entanto, como se ensina o aluno a dar esse grito, sem alimentar a guerra infrutífera? Penso que a análise crítica no espaço da escola, o levantamento dos seus aspectos deficientes que possam interferir na saúde mental e física de sua população, o desenvolvimento de soluções para tais aspectos e o encaminhamento do estudo para a direção ou para outros órgãos competentes são formas de ensinar a emissão de um grito produtivo e saudável.

Em uma das escolas a que presto consultoria, uma professora encaminhou um estudo sobre o lixo produzido e a forma como ele era tratado. Seu trabalho resultou na reorganização do espaço, na retirada dos latões de lixo, na aquisição de latões que propõem a seleção do lixo reciclável, em palestras para o pessoal da cantina e da limpeza da escola e na valorização das faxineiras por meio de pequenos cartazes com os seguintes dizeres: "Este espaço foi limpo por (nome da pessoa) e está sendo mantido pela 3ª série".

Um ambiente mais higienizado previne doenças, ao mesmo tempo em que se mostra mais agradável. Essa forma de contribuição da escola para a formação de uma cidade saudável atende, concomitantemente, a outros objetivos previstos pelos PCN (Brasil, 1997c, p. 101), relacionados a seguir.

- **Conhecer e utilizar formas de intervenção sobre os fatores desfavoráveis à saúde, agindo com responsabilidade em relação à sua saúde e à saúde da comunidade.**

Preocupo-me em afirmar que basta conhecer e compreender. Sabemos que muitos educadores acreditam que basta dar uma aula expositiva para transmitir conhecimento a respeito de algum assunto, porém, também sabemos que intelectualizar não é o suficiente. É preciso, sobretudo, agir e desenvolver atitudes responsáveis e procedimentos necessários.

Em subtemas ligados a esse tema, podemos discutir e agir em situações que levam ao aparecimento de doenças causadas pela fome, por exemplo. O que é possível aprender e aplicar na escola em relação a isso? Uma horta composta da biodiversidade de sementes que resultam da alimentação cotidiana dos alunos poderia ser uma ação interessante, se o resultado pudesse ser transformado em alimento para aqueles que têm fome e residem no entorno da escola ou se o resultado pudesse ser encaminhado semanalmente para a igreja da região, que serve um "sopão" para aqueles que não têm como se alimentar.

Crianças que participam de um projeto como esse, certamente, aprendem a se preocupar com a saúde da população e a buscar alternativas para participar dos problemas sociais que as cercam. Outro objetivo previsto pelos PCN (Brasil, 1997c, p. 101) é:

- **Conhecer formas de acesso aos recursos da comunidade e possibilidades de utilização dos serviços voltados para promoção, proteção e recuperação da saúde.**

Independente de quais forem os recursos existentes na sua localidade, estaduais, municipais, federais e mesmo particulares, a aproximação deve ser feita; as diferenças entre as ofertas devem ser discutidas; a existência de outros recursos ainda não presentes na localidade deve ser trazida à tona. Por exemplo: a escola pode levar os alunos a se inscreverem em serviços públicos de esporte como parte do trabalho com temas transversais, bem como divulgar para as famílias a respeito do local, das intenções e da forma de ingresso, a fim de que os alunos passem a ter acesso a programas que incentivem a saúde. Outro exemplo é fazer um levantamento sobre as pessoas doentes que existem nas famílias dos alunos; conhecer o caminho que cada uma fez para buscar ajuda e procurar alternativas na comunidade, a fim de que aquelas que ainda não se movimentaram por falta de conhecimento possam conhecer diferentes formas de buscar ajuda. Visitar os postos de saúde existentes nas localidades, saber sobre os profissionais que ali atuam e a respeito dos serviços que são oferecidos também é um veículo importante de informação.

Tendo acesso ao conhecimento é que se torna possível realizar os objetivos propostos nos PCN (Brasil, 1997c, p. 101), como o citado a seguir:

- **Adotar hábitos de cuidado, respeitando as possibilidades e os limites do próprio corpo.**

Esse é um objetivo que propõe uma ação mais dinâmica. No entanto, é preciso perceber que vai além da higiene pessoal, das campanhas de vacinação das quais participam algumas escolas, da preocupação com a higiene bucal, com o não uso de drogas, com o uso de preservativos ou com a avaliação auditiva e visual. Exige, pois, ação e reflexão que superem campanhas políticas que visam o aumento de números estatísticos em seus relatórios.

A informação precisa da ação. A escola, ao tratar da saúde, deve partir do cuidado com o seu próprio espaço, com as pessoas que ali convivem, com os conhecimentos científicos atualizados e, principalmente, com a transformação do discurso em ação, em vida.

> *Para reforçar a dimensão-saúde, devemos enriquecer nossa compreensão de saúde. Não podemos entendê-la como a ideologia dominante, com suas técnicas sofisticadas e seus inúmeros coquetéis de vitaminas. A saúde é concebida como 'saúde total', como se fosse um fim em si mesma, sem responder à questão básica: o que faço na vida com minha saúde? Distanciamo-nos da conhecida definição de saúde da Organização Mundial da Saúde da ONU que reza: 'Saúde é um estado de bem-estar total, corporal, espiritual e social, e não apenas a inexistência de doença e fraqueza'. [...] Acresce, ainda, que a saúde não é um estado, mas um processo permanente de busca de equilíbrio dinâmico de todos os fatores que compõem a vida humana. Todos esses fatores estão a serviço da pessoa para que tenha força de ser pessoa, autônoma, livre, aberta e criativa às várias injunções que vier a enfrentar. [...] A força de ser pessoa significa a capacidade de acolher a vida em suas virtualidades, mas também em sua finitude e em sua mortalidade. [...] Saúde, portanto, não é um estado nem um ato existencial, mas uma atitude face às várias situações que podem ser doentias ou sãs. Ser*

pessoa não é simplesmente ter saúde, mas é saber enfrentar, saudavelmente, a doença e a saúde. (Boff, 1999, p. 144-145)

Ora, se saúde é uma atitude, é passível de ser aprendida, e temos a obrigação de ensiná-la às novas gerações, o objetivo de adotar hábitos de cuidado e respeito com o próprio corpo pode ser entendido não apenas como simples hábitos, mas como o ato de cuidar da vida que o anima. Além disso, é preciso cuidar do conjunto de relações que estabelecemos com o mundo, as quais são permeadas pela higiene, alimentação, ar que respiramos, forma como nos vestimos, pelas escolhas que fazemos, pelo espaço que habitamos, pela forma como organizamos nossos espaços de trabalho, pela maneira que nos situamos no espaço do planeta e pelos cuidados que destinamos a ele. Dessa forma, promover a saúde dentro da escola é desenvolver aulas nas quais os alunos pensem sobre outras formas de compor o espaço, preocupem-se com a entrada de luz, de ar, com a organização dos móveis para que as pessoas possam fazer escolhas, olhar para seus interlocutores, discutir para que os espaços sejam acolhedores, facilitando a concentração e a reflexão.

Dentro da escola, a saúde passa pelas relações pessoais, pela capacidade de ver e ser visto, de ouvir e ser ouvido, de tocar e ser tocado, de poder discutir e resolver problemas conflituosos, de conseguir manter a atenção aos objetos de aprendizagem, de exercitar a gentileza e a cooperação e, principalmente, de poder se comunicar com o outro.

O tema transversal saúde não existe apenas para que se fale dele como uma entidade abstrata, distante ou idealizada, mas sim para que se parta da realidade e, a partir da transformação da própria escola, seja possível buscar soluções para a comunidade próxima e distante, já que fazemos parte do mesmo complexo de relações.

Crianças saudáveis são bons motivos para repensar a saúde em nosso país.

Que bom

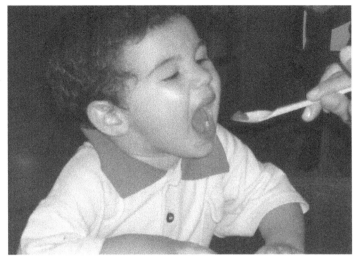

foto cedida pela autora

Que bom seria se todas as crianças pudessem ter sua colher cheia, como a criança da foto, quando sentem fome. É para isso que precisamos formar nossos aprendizes. Infelizmente o que a poesia a seguir nos mostra é um motivo real, embora poetizado, para gritarmos pela educação e pela saúde em nosso país.

Criança na rua

Criança rima com esperança...
Mas será que esperança rima
com mundo agitado,
consumo desvairado,
descarte da ganância
e estresse na infância?

Ou será que esperança
rima com criança...
criança alimentada,
criança bem cuidada,
de olhar brilhante,

de sonho gigante,

de risos largos,

do amor, amante?

Criança rima com esperança...

Esperança de sair da rua,

da realidade crua,

de ter vida mansa,

de estar na dança,

da qual todos fazem parte,

com afeto, saber, comida e arte. (Barbosa, 2006, p. 18)

Orientação sexual

Por que tememos tanto o tema orientação sexual?

Se, por um lado, sexo é a expressão biológica que define um conjunto de características anatômicas e funcionais (genitais e extragenitais), a sexualidade é, de forma bem mais ampla, expressão cultural. Cada sociedade cria um conjunto de regras que constituem parâmetros fundamentais para o comportamento sexual de cada indivíduo. (Brasil, 1997d, p. 117)

Para Morin (2000, p. 52), ser humano é ser, a um só tempo, plenamente biológico e cultural. Essa unidade exige que, como seres humanos, tenhamos de nos preocupar tanto com a dimensão biológica quanto com a cultural do nosso desenvolvimento.

A orientação sexual não foge disso e exige que educadores dominem conhecimentos de ambas as áreas para lidar naturalmente com a questão da sexualidade, objeto de tantos preconceitos na história da humanidade.

Para o psiquiatra Serrat (2006), nós, seres humanos, nascemos com instintos básicos que resultam em comportamentos animais. Tais comportamentos precisam ser educados no decorrer do desenvolvimento humano. Ele afirma que o comportamento é animal e que a atitude é o resultado da educação do comportamento. Portanto, podemos dizer que **atitude é**

humana e **comportamento é animal**. Nesse sentido, a educação sexual trata de transformar um instinto animal em uma atitude humana. Segundo esse autor, a educação deve acontecer de tal forma que possamos desenvolver a sexualidade humana sem reprimi-la nem desregrá-la.

Em cada momento da história da humanidade, a educação sexual teve uma característica, no entanto na Idade Média, ela assumiu uma posição repressora, e o sexo, de forma geral, deixou de ser visto como uma expressão instintiva humilde para tomar *status* de algo pecaminoso, que deveria ser evitado, escondido e obscurecido. Esses valores permaneceram por milhares de anos, regendo a expressão da sexualidade, o julgamento de expressões sobre a sexualidade e o castigo de pessoas e grupos que infringissem as regras nascidas dessa visão medieval.

Segundo Serrat (2006), na década de 1970, houve um movimento explosivo para romper com tanta repressão. A orientação, nesse momento da história, foi liberar o comportamento sexual, confundindo comportamento e atitude, desregrando todo o código de ética vigente e causando mudanças significativas nas relações humanas. Não era mais preciso inibir a sexualidade; por outro lado, em muitas situações, hoje, retornamos ao comportamento animal e estamos deixando de possuir uma atitude sexual civilizada, humanizada.

Já existem, em grandes centros urbanos, motéis a céu aberto, nos quais seres humanos têm relações sexuais de forma muito semelhante à dos animais, dispensando o sentimento, a cumplicidade e a comunhão de carinhos que deve existir numa relação humanizada. Turistas chegam ao país em busca de meninas, ainda púberes, para realizar o prazer sexual, desprovido de qualquer relação humana. Pedófilos caçam crianças na internet em busca de prazer, nem que seja vivido apenas através da tela, ferindo qualquer ética humana que possa existir na concepção do que seja a relação entre um adulto e uma criança. Estamos vivendo o desregramento do instinto próprio do ser humano em tal grau que essa dimensão gera mais sofrimento do que prazer, já que é vivido com o pensamento voltado somente ao momento, de forma fugaz, gerando vazios que as pessoas não podem suportar.

A orientação sexual precisa, neste novo século, promover o retorno ao equilíbrio. Saiu da repressão da Idade Média para uma liberação total na Idade Moderna, mais propriamente no século XX, retornando para uma valorização de ações mais próximas do instinto, afastando-se de tudo que era considerado construção humana. Por exemplo: o namoro e o noivado, períodos constituídos para conhecimento interpessoal e exercício da comunhão de duas pessoas e de seus grupos familiares visando a convivência, já não existem mais.

Não se trata de retornar ao passado, mas de construir novas regras de comunhão entre homens e mulheres para criar a unidade geradora da vida humana. A sexualidade é aprendida em todas as interações das crianças, dos adolescentes e dos adultos com sua cultura. Por isso, o tema orientação sexual não pode ser tratado como uma disciplina escolar, por meio da qual os alunos ou alunas vão aprender sobre ser homens ou mulheres, reproduzir, amar ou qualquer outro aspecto relacionado às relações entre sexos complementares.

A questão biológica do sexo não precisa ser objeto de ensino-aprendizagem. Como Serrat (2006) diz, o instinto não é ensinado, o que precisa ser objeto da orientação sexual são os temas ligados às relações humanas, aos sentimentos que devem ser pautados, principalmente no respeito entre as pessoas envolvidas numa relação amorosa.

A questão da orientação sexual ainda é um tabu no contexto escolar, envolvido num véu de mistérios, culpas, dúvidas e repressões e precisa ser trabalhada e desmistificada primeiramente junto aos educadores (pais, mães, professores e professoras). Há educadores que não se parecem com seres sexuados, muitas vezes, escondem-se atrás de uma neutralidade que não existe para não ter de responder questões ligadas à sexualidade. Outros, diante de uma pergunta, respondem mais do que o necessário, fixando-se em aspectos biológicos da questão ou em partes mecânicas da relação sexual. Essa atitude faz com que o assunto fique escondido ou mereça um tratamento muito distante da realidade.

No trabalho que tenho desenvolvido, percebo o quanto os professores se desorientam quando alunos utilizam palavrões, masturbam-se, apresentam comportamentos aprendidos em cenas mostradas na televisão ou reais, como o beijo na boca, carícias e outros. Tais comportamentos são entendidos, não raramente, como desviados da normalidade ou como distúrbios da sexualidade. Toda essa insegurança, sem que se perceba, já faz parte de um programa educativo repressor.

Muitas vezes, não é lembrado que tais manifestações podem ser, e normalmente são, uma busca de orientação a respeito de sensações e sentimentos que os alunos apresentam frente às questões de amor e ódio que presenciam ou assistem nas telas da TV, por exemplo, sobre as quais ninguém fala abertamente e, às vezes, até tentam esconder. Além disso, a forma como as questões de relacionamento, que trazem à tona o tema sexualidade, são tratadas na mídia promovem uma visão diferente da nossa, a qual se distancia de alguns princípios considerados importantes e apresenta uma conotação de retorno à animalização.

Barbosa (2002, p. 92-93) considera que o papel do professor é importante na orientação sexual e deve acontecer de forma natural, na dinâmica da sala de aula.

> *Este é, portanto, nosso papel: problematizar as dúvidas, as ações e os comportamentos trazidos por crianças e adolescentes, sem medo, sem julgamento prévio; analisar, tendo como eixo a história, e apresentar todas as formas de entender a questão no momento atual.*
>
> *É importante [...] entender o que está por trás da demanda de seus alunos e alunas, aquilo que não é dito, mas que está latente [...] visando a não banalização de sua orientação.* (Barbosa, 2002, p. 92-93)

Entre os estudos que mostram preocupação com a orientação sexual na escola, está uma pesquisa realizada por Xavier Filha (2000, p. 111-160), na qual encontramos algumas formas de educação sexual exercida por educadores no cotidiano da escola. Algumas delas, em vez de orientar o aprendiz em relação à sexualidade, afastam-no daquilo que busca para lidar com o desequilíbrio decorrente de suas dúvidas e incertezas.

Na pesquisa realizada pela autora, no interior da escola foram encontradas cinco formas de educação sexual, que foram denominadas de:

educação sexual da esquiva, educação sexual do silêncio, educação sexual sexista, educação sexual inculcadora de valores e normas morais e educação sexual com interação professor-aluno. A reflexão sobre as formas de orientação sexual no cotidiano escolar encontradas nessa pesquisa pode auxiliar na tomada de consciência que nós, educadores, precisamos ter sobre o tema. Para que possamos refletir sobre esse tema e sobre nós mesmos em relação a ele, apresentaremos, de forma resumida, a descrição de cada uma das formas de educação sexual encontradas na pesquisa.

- **Educação sexual da esquiva** – É aquela em que o educador faz de conta que não escuta para ter tempo de, rapidamente, encontrar uma resposta e despistar a pergunta ou o comentário feito.

Existem pessoas que fogem da realidade para responder às perguntas das crianças. Fazem a criança acreditar que nasceu de um repolho, que foi trazida por uma cegonha ou ainda que foi deixada na porta, em um cestinho muito bonito. Essa é uma forma de infantilizar o assunto, por medo de ter de entrar em detalhes, mesmo quando a criança ainda é muito pequena.

Se uma criança de três anos quer saber como nasceu e obtém a seguinte resposta: "Você nasceu da barriga da mamãe", certamente, ela ainda não terá interesse em saber como ela foi parar lá, pois a questão de causa e efeito está só começando a ser construída em sua mente. Se pais e professores responderem exatamente aquilo que a criança quer saber, podem ir, paulatinamente, revelando sobre as relações entre homem e mulher e a sua síntese, que é a possibilidade de gerar um filho. Por não saberem disso ou temerem que tenham de dar aulas de educação sexual, esquivam-se e acabam por infantilizar respostas, quando elas já poderiam conter a verdade.

E você, também se esquiva?

- **Educação sexual do silêncio** – É a forma mais repressiva de educação sexual. Sexo e sexualidade, para essa forma de educação, são assuntos proibidos. Acredita-se que esse tema não é para ser tratado na escola.

Os educadores que utilizam essa forma de educação mantêm o tema sexualidade no âmbito do proibido, e a transgressão da regra acaba por gerar a culpa. O silêncio também ensina e, nesse caso, que o tema sexo é assunto proibido, deixando espaço para a fantasia e para a construção de fantasmas, que podem tumultuar a real aprendizagem sobre a sexualidade e interferir na vivência da mesma.

Tal forma de lidar com os problemas, silenciando, fazendo de conta que não viu nem ouviu, dificulta o trabalho com as diferenças e com a questão do preconceito. Por conta da educação sexual do silêncio, muitas aprendizagens deixam de ser realizadas no interior da escola.

- **Educação sexual sexista** – É aquela que considera o sexo masculino superior ao feminino ou vice-versa, partindo do princípio da superioridade de um gênero sobre o outro. Por exemplo: os meninos podem lutar, as meninas, não; as meninas possuem habilidades manuais, os meninos, não; os meninos podem mostrar as pernas, as meninas, não; meninos não choram, são fortes e valentes, enquanto as meninas são frágeis e podem chorar e assim por diante.

Parte-se do princípio de que os dois sexos são opostos e, por isso, a um é permitido o que ao outro não é.

> *Essas formas estereotipadas e rígidas impedem que as pessoas se comportem e vivam suas vidas em plenitude. Há, nessa educação, um duplo padrão moral, em que o homem tem liberdade sexual e a mulher a possui pela metade. [...] O objetivo da educação sexual, segundo as educadoras, é para que as meninas possam dizer não às investidas masculinas.* (Xavier Filha, 2000, p. 119)

O objetivo dessa educação parece ser colocar o prazer como algo pecaminoso e retirar das mulheres a possibilidade de falar do seu prazer e, até mesmo, de senti-lo.

Para Barbosa (2002, p. 96), o sexismo acaba por tratar, em nossa cultura, o ser do sexo masculino como sexo forte, tentando infantilizar a mulher sexualmente e iniciar os meninos mais cedo na atividade sexual. Essa forma de educação pode resultar num movimento oposto, que é o da mulher competir com o homem para mostrar que ele não é tão forte como imagina e passar a desenvolver atitudes não aprovadas pela sociedade.

A meu ver, a educação sexista instala uma competição entre os sexos que, na verdade, não são melhores nem piores, mas complementares.

Uma outra vertente do sexismo é entender o sexo como uma propriedade do mundo adulto, distante da criança e do adolescente, que ficam impedidos de viver a sua sexualidade. (Barbosa, 2002, p. 96)

Assumir, portanto, uma atitude preconceituosa em relação aos gêneros não é uma solução educativa a ser adotada na escola. Somos seres sexuados e precisamos nos desenvolver aprendendo a humanizar nossos comportamentos, inclusive os sexuais.

- **Educação sexual inculcadora de valores e normas morais** – Essa forma de educação é aquela que representa a conservação de duas instituições sociais: o casamento e a heterossexualidade, enfatizando a função reprodutora do sexo e afastando a ideia de que a relação sexual, além da reprodução, pode ser uma fonte de prazer.

Os educadores que participaram da pesquisa e que foram classificados como parte dessa categoria de educação sexual colocaram-se contra quaisquer manifestações homossexuais, mostrando-se a favor de uma vida mantida pelo casamento heterossexual. As manifestações que aparecem na escola e que podem apresentar uma tendência homossexual são enfrentadas de maneira bastante repressiva.

A repressão, no entanto, inibe a vivência da sexualidade e faz com que homens e mulheres não amadureçam sexualmente e não possam desenvolver sua sexualidade como mais uma de suas dimensões humanas.

- **Educação sexual com interação professor-aluno** – É aquela que dá voz aos alunos, que permite que o tema seja falado, que as dúvidas sejam esclarecidas e que as vivências sejam discutidas, considerando, principalmente, o respeito entre as pessoas. Somente uma escola aberta para as questões humanas pode assumir o papel de orientadora da sexualidade de forma a superar os preconceitos e valorizar os seres humanos.

A sexualidade deve ser tratada com naturalidade, como qualquer outro tema educativo, como afirma Barbosa (2002, p. 97):

> *Mesmo diante da contradição que vive [...], a escola percebe-se capaz de enfrentar as contradições e promover a reflexão sobre o humano, que supõe o biológico e o cultural. A reflexão sobre a cultura, que não é fixa, movimenta-se através da história, vislumbrando novas possibilidades de relacionamentos que envolvem a sexualidade.*
>
> *Essa orientação prevê a existência da diversidade em termos de sexualidade, deixando espaço para várias compreensões, crenças e valores em relação ao envolvimento afetivo dos gêneros presentes em nossa sociedade.*

Para que isso seja possível, a principal providência a ser tomada pela escola é a criação de condições para que os educadores discutam a visão de sexualidade que possuem e possam encontrar instrumentos para lidar com as situações nas quais será necessário tratar com a sexualidade dos alunos. Discutir os valores que, como docentes, possuem em relação à sexualidade, encontrar um espaço para perceberem-se como seres sexualizados e confrontar ideias podem ser formas de construir instrumentos por meio dos quais a escola possa delinear as atitudes a serem adotadas frente às situações que envolvem a sexualidade.

A orientação sexual, como tema transversal, precisa garantir que as opiniões presentes na sociedade possam ser discutidas para não estimularem qualquer tipo de preconceito em relação às pessoas que, por diferentes motivos, agem de forma diferenciada do modelo considerado padrão. É preciso focar nos aspectos citados a seguir.

- *O respeito à diversidade de valores, crenças e comportamentos existentes e relativos à sexualidade, desde que seja garantida a dignidade humana.*
- *A compreensão da busca de prazer como uma dimensão saudável da sexualidade humana.*

- *O conhecimento, a valorização e o cuidado do próprio corpo e da saúde, como condição para usufruir do prazer sexual.*
- *O reconhecimento das características atribuídas ao masculino e ao feminino como frutos de construções culturais.*
- *O posicionamento contra as discriminações relacionadas ao gênero.*
- *A identificação e o respeito aos próprios sentimentos e desejos, sem desrespeitar os sentimentos e os desejos dos outros.*
- *A proteção contra relacionamentos sexuais coercitivos ou exploradores.*
- *O reconhecimento de que o consentimento mútuo é necessário para usufruir do prazer a dois.*
- *A ação solidária em relação aos portadores de HIV e a participação na implantação de programas voltados para prevenção e tratamento de doenças sexualmente transmissíveis.*
- *O conhecimento e a adoção de práticas de sexo protegido ao iniciar relacionamento sexual.*
- *O cuidado para não contrair nem transmitir doenças sexualmente transmissíveis.*
- *O desenvolvimento de consciência crítica e a tomada de decisões responsáveis a respeito de sua sexualidade.*
- *A procura de orientação para a adoção de métodos contraceptivos.* (Brasil, 1997c, p. 138-149)

Os objetivos destacados evidenciam a necessidade de uma forma de orientação sexual apoiada na verdade e na relação de confiança que deve existir entre professor e aluno. Como em todo processo de aprendizagem, esse deve, também, partir do conhecimento que os alunos já possuem, esclarecer e colocar a dignidade humana como objetivo principal.

Toda discussão sobre relacionamentos, posição dos gêneros nos relacionamentos, aprendizagens tais como fazer escolhas, proteger seu corpo, respeitar a si e os outros, de valores humanos é necessária para que as pessoas possam viver sentindo prazer, mas sem desconsiderar a realidade em que vivem e desenvolvendo atitudes que superem comportamentos. A responsabilidade deve ser a tônica desse tema que é tão facilmente distorcido, transformado em piadas e banalizado nas rodas de amigos.

Nesse tema, devem ser abordados alguns conteúdos básicos, como propõem os PCN: o conhecimento do corpo e a sua relação com a sexualidade; as relações de gênero entre os seres humanos; a prevenção das doenças sexualmente transmissíveis, assim como o tratamento pessoal e médico àquele que já contraiu alguma doença.

Eixos norteadores da orientação sexual, como tema transversal, foram discutidos por Cordiolli (1999, p. 34), que diz:

> *As diferentes manifestações da sexualidade implicam não só em lidar com os modelos construídos em diferentes espaços sociais, como a família e a mídia, mas também a construção gradual da vida humana, que articula tanto os desenvolvimentos físicos quanto os padrões culturais. Essas situações suscitam rever tabus e repensar os papéis sociais. Os modelos assumem representações distintas para os sexos masculino e feminino.*

Qual modelo nós assumimos? Quais modelos são aceitos pelas famílias de nossos alunos? Quais modelos os professores defendem?

Apesar da dificuldade que esse tema impõe, acredito ser importante pensarmos que todo o esforço que está sendo realizado, nesse momento histórico, é o de desenvolver seres pensantes, capazes também de fazerem história. A sexualidade é uma matéria secular e, apesar de ser construída também no interior da escola, nas relações com outros educadores, com as famílias dos alunos e com todos os aprendizes, ela não é uma matéria escolar. Pode ser tratada como um tema transversal, para discutir a vida e para melhorar sua qualidade, mas é uma matéria do dia a dia que não pode ser ensinada somente utilizando livros, quadro de giz e giz.

Em uma das escolas às quais presto assessoria, desenvolvemos um projeto chamado *O corpo a corpo da consciência corporal*. Através dele, trabalhou-se com a sexualidade, destacando a arte de artistas que a destacam em suas obras, fazendo poesia, discutindo as dúvidas dos alunos da 7ª série do ensino fundamental, descobrindo o corpo por

dentro e por fora e seu funcionamento, aprendendo sobre a química do amor e, principalmente, vivendo seu corpo nas atividades de psicomotricidade relacional, conversando sobre sentimentos, sensações e pensamentos.

Esse é um exemplo de que é possível trabalhar com o tema não só de 1ª a 4ª séries, mas também de 5ª a 8ª séries.

Trabalho e consumo

Considero esse o tema transversal mais importante para a vida humana na sociedade atual.

Por muito tempo, houve uma sociedade apoiada em quatro vigas mestras: família, igreja, Estado e escola. No decorrer da história, tivemos mudanças nessas instituições, esperadas numa visão dialética de mundo, que prevê movimento e novas sínteses. O movimento do mundo e do ser humano iam modificando os paradigmas nos quais as relações em tais instituições eram concebidas.

Hoje, temos uma família que é plural; várias combinações foram aceitas pela sociedade, mas com menos força de unidade humana, de núcleo responsável pelo desenvolvimento dos primeiros vínculos e dos valores humanos. Temos uma igreja pulverizada, que tem se apropriado da mídia para conquistar fiéis, dando, em muitos casos, uma conotação mais comercial do que de desenvolvimento da espiritualidade e de atitudes solidárias. Temos um Estado, em várias localidades do mundo, marcado pelo poder que exclui classes sociais, que se encontra atrelado ao ter e, para isso, precisa estimular as guerras e as doenças, a fim de que o dinheiro que enriquece uma minoria continue nas mãos de governantes corruptos. Temos, também, uma escola que está sendo requisitada para desenvolver, no ser humano, o que as outras instituições não estão mais conseguindo. À escola, atualmente, cabe o papel de formar seres éticos, educados, cidadãos e sabedores, mantendo-os, no entanto, semelhantes ao modelo de escola existente nos dois últimos séculos.

A tarefa destinada à escola de hoje não tem sido realizada por motivos óbvios. Além da sua dimensão ser enorme, aparece na sociedade um quinto pilar, que começa a fazer grande oposição à educação do ser pensante, cooperativo e ético: a publicidade. Esse pilar tem como meta principal manter a máquina do consumo em movimento e, por isso, precisa estimular a compra desvairada, o desejo de algumas pessoas serem melhores do que outras, a voracidade que manda ter tudo o que se deseja, o individualismo, a cobiça e, talvez, venha virar do avesso o conceito cristão de pecados capitais.

O trabalho não é mais colocado como uma tarefa humana ligada à produção de condições melhores de vida e de convivência, hoje, ele se encontra atrelado ao consumo de produtos necessários e, principalmente, dos supérfluos. *Comprar* é a palavra de ordem, e *viver*, um verbo que fica submetido ao consumo, ao verbo *ter* e à rapidez dos processos nos dias de hoje. Quem não pode consumir, muitas vezes, sofre; os bens materiais parecem se tornar mais importantes do que as próprias pessoas.

Estamos na era do instantâneo. Tudo é rápido, acontece em segundos. Acabamos por não perceber processos nem valorizar o fruto de atividades como o trabalho e o estudo. Preparamos refeições em pouquíssimo tempo, pois é possível, com o forno de micro-ondas, aquecer, descongelar e cozinhar alimentos rapidamente; enviamos uma mensagem via *e-mail* a um parente distante em questão de segundos; compramos uma roupa nova rapidamente, pois não dependemos de medidas e provas de alfaiates. Essa instantaneidade possui consequências importantes para nossos alunos: eles aprendem a consumir e a descartar com muita facilidade, não apenas objetos, mas conhecimentos e relacionamentos também.

A origem, o desenvolvimento e o resultado das ações parecem ser imperceptíveis, e a impressão que temos é de que os fenômenos são imediatos e, por isso, não podem ser previsíveis. Muitos fatos são tidos como mágicos, e as crianças, muitas vezes, acreditam que basta ter um cartão ou um talão de cheques para poder comprar algo. Não conseguem perceber que só se pode comprar com o dinheiro, fruto do trabalho, e cartão ou talão de cheques é apenas um representante de todo esse processo. Muitas vezes, até os adultos parecem esquecer desse percurso e, instigados pela publicidade, utilizam seus cartões de crédito como varinhas de condão que, magicamente, trazem os objetos cobiçados para dentro de seus lares.

A dificuldade de perceber o processo leva-nos a ter dificuldades em aceitar os erros e as falhas como sua parte inerente. A rapidez faz aparecer o resultado, o produto final, mascarando as possíveis falhas que ocorreram para que tivéssemos na mesa uma gostosa macarronada, por exemplo. Se formos fazer a massa do macarrão, preparar o molho necessário, certamente encontraremos uma série de dificuldades e cometeremos alguns erros no caminho, que poderão ser corrigidos com maior ou menor facilidade. Porém, se comprarmos um macarrão pronto, que cozinha em três minutos, e abrirmos uma caixinha de molho pronto, não perceberemos todo o processo, as falhas que aconteceram, o controle de qualidade necessário para que, em alguns minutos, pudéssemos ter um alimento gostoso à mesa.

Isso também pode ser estendido para a aprendizagem escolar. Alguns aprendizes acreditam que nascemos prontos, já sabendo tudo e que nada poderá ser feito em relação àqueles que não sabem algo. O erro é visto como algo ruim, e muitos preferem deixar de fazer alguma coisa em vez de correr o risco de errar.

O que é preocupante é que estamos aprendendo a consumir sem consciência e a trabalhar apenas para consumir. Dessa forma, não temos desenvolvido nossa capacidade de escolher e de pré-ciclar, ou seja, selecionar o que será consumido para termos menos lixo a ser reciclado após o consumo, como propõe Gore (2006, p. 305). Se selecionarmos o que vamos consumir e se consumirmos o necessário, teremos garantido o desenvolvimento da nossa capacidade de escolher e de ter autonomia, sem nos deixarmos governar pela publicidade.

Consumir não é uma simples ação, faz parte de uma filosofia de vida. Por isso, precisamos difundir a filosofia do selecionar. Precisamos diminuir a nossa voracidade, criada e alimentada pela publicidade, e tornarmo-nos mais conscientes do que desejamos, do que acreditamos e do que precisamos fazer para melhorar nossa qualidade de vida.

Numa entrevista, Frei Betto (2000, p. 31) respondeu a perguntas, entre outras, que podem nos ajudar a refletir sobre a função da escola em nossa sociedade.

Pátio —— Vivemos em uma sociedade em transformação, e as mudanças têm acontecido cada vez mais rapidamente. A escola é uma instituição conservadora que tende a transmitir valores já consolidados. Como o senhor vê a distância entre os valores da escola e da sociedade?

Frei Betto —— De fato, numa sociedade tão desigual como a brasileira, em que os 20% mais ricos concentram em suas mãos 64,4% da renda nacional, enquanto, na outra ponta, os 20% mais pobres devem se virar com 2,5% dessa renda, a escola parece distante realidade. Em geral, prepara profissionais de elite, sem cuidar da formação ética e muita menos da formação de sua consciência crítica. Mais tarde, eles entram no mercado de trabalho com grande preparo técnico e científico, porém emocionalmente imaturos e com uma postura preconceituosa em relação à maioria do povo brasileiro — os pobres.

Pátio —— A vida em sociedade exige, de cada um de nós, uma série de condutas condizentes com as regras da sociedade. A escola pode priorizar a estimulação dessa adaptação à sociedade, como pode estimular cidadãos críticos que questionam a sociedade e a própria escola? É possível (ou necessário) conciliar as duas perspectivas?

Frei Betto ——Visitei, em janeiro [2000], um hospital de Havana, Cuba, onde, aos sábados, os pacientes reúnem-se para avaliar o trabalho semanal de enfermeiros e médicos. Por que não fazer isso nas escolas, de três em três meses? Vivemos, hoje, numa sociedade imagética, que visa formar consumidores, e não cidadãos. Ora, a escola só deixará de ser correia de transmissão dessa sociedade se ousar contrapor-se criticamente a essa sociedade. Por que se analisam textos na escola, e não a TV?

Certamente, tais colocações provocam reflexões importantes. Criticar a televisão pode ser um importante passo para a formação de pessoas conscientes e menos comandadas pela mídia publicitária e comercial. É preciso aprender a consumir sem ser consumido. Isso é possível quando se aprende a ler além do que está escrito, quando se aprende a ver além do que está explícito e quando se aprende a ouvir além do que foi dito.

A capacidade de perceber o que está latente aliada à nossa capacidade de escolher e selecionar permitirá aos seres humanos decidir em que mundo desejam viver. Para que isso seja possível, é preciso pensar no que Alves (2000, p. 34) propõe:

> Somos todos, adultos e crianças, consumidores em potencial. Até aí, nenhum problema, exceto se observarmos com lentes mais agudas e vermos o quanto crianças e jovens têm sido vítimas dessa espécie de surto de consumo exacerbado, sem crítica ou critérios que em nada colabora para uma educação eficaz para a vida. Afinal de contas, que pai, mãe ou educador já não se viu angustiado diante de uma criança que bate o pé, irredutível, porque quer a mochila dos Pokémons? Ou ainda porque só deseja o tênis de marca tal 'porque a turma inteira usa e eu não quero ser o único diferente'? O que fazer para mostrar que 'isso é apenas propaganda' e que todos os tênis são, via de regra, iguais?

O que aprendem, neste mundo de consumo desenfreado, as crianças que não podem sonhar com a mochila X, o adolescente que não pode exigir um tênis de determinada marca? Conformam-se? Roubam? Revoltam-se? É difícil vermos vantagens em viver num mundo consumista se apenas uma minoria pode usufruir dos bens de consumo. Somente um trabalho consciente pode levar crianças e adolescentes a perceberem o quanto é nocivo sermos regidos pela lei do consumo, ditada pelos interesses financeiros, via publicidade.

Existem escolas que estão dando passos importantes em relação à educação para o trabalho e para o consumo consciente. Projetos têm sido desenvolvidos para que a aprendizagem do consumo seja privilegiada nas escolas, para que as diferenças sociais sejam percebidas e esforços sejam empreendidos para a sua diminuição. Ir até as localidades carentes e desenvolver trabalhos que auxiliem no desenvolvimento de tais localidades são também tarefas escolares.

É preciso conhecer a realidade, ir até ela ou mesmo levá-la para o interior da escola. Pessoas comuns, de regiões carentes, têm muito a ensinar aos nossos alunos e a nós, professores, sobre trabalho e consumo. Esse contato com a diversidade, com a vida que exige um esforço diferente das pessoas é muito valioso para todos nós. Mais do que ajudar os outros, estamos ajudando a nós mesmos, desenvolvendo um outro tipo de sensibilidade, construindo outras formas de conhecimento e enriquecendo-nos como pessoas. Mostrar aos alunos a realidade, por meio das pessoas que nela habitam e convivem, é muito mais rico do que aprendermos por meio de reportagens, notícias, fotos ou mesmo filmes. Nosso papel de educadores será coordenar a discussão e a reflexão sobre a vivência, promover a realização do registro e avaliar os conhecimentos e as experiências adquiridas a partir dela.

Assim, como professores, vamos inaugurar uma nova forma de docência: deixamos de dar aulas e começamos um processo mais criativo que é "pensar aulas", ou seja, a partir das vivências que os aprendizes tiverem nas comunidades, trocar impressões e ideias com eles, tomar posições, ouvir as opiniões de outros e coordenar um processo de reflexão e ação a partir do que foi pensado.

Em uma das escolas que assessoro, em um dos Projetos de Aprender, os alunos foram visitar um asilo de pessoas idosas. Muitos ficaram impressionados, não sabiam que existia tal realidade. Alguns choraram e, por isso, seus pais questionaram a escola e posicionaram-se contra a continuidade do trabalho, como se deixar brotar a emoção frente à injustiça fosse algo ruim. Esse é um projeto que tem a intenção de começar a olhar para as faltas que existem próximas de nós e que, futuramente, poderá ser expandido para a realização de uma atividade constante nesse local. Qual o tratamento que as crianças e os adolescentes darão à velhice depois de serem marcados por tal vivência? O que sente um adolescente, ao perceber-se necessário, quando lê um jornal para alguém que não enxerga? O que pensará um adolescente quando for consumir algo desnecessário e supérfluo?

Outro projeto que presenciei foi sobre alfabetização de adultos, realizado por alunos de 5ª a 8ª séries do ensino fundamental, em troca de outros saberes que tais adultos possuíam. Os alunos que dão uma função social à sua aprendizagem, exercendo o papel de quem ensina, valorizando adultos sem estudo, crescem. A valorização da troca e a experiência de ensinar/aprender em parceria são ações humanas importantíssimas. Aprender passa a ser entendido como algo além de tirar notas.

Projetos como esses, além de outros, são possíveis de ser desenvolvidos nas escolas. Para começar, é preciso fazer um levantamento das necessidades da população no entorno da escola e buscar uma maneira, a partir de temas transversais, de envolver educadores e aprendizes para que, juntos, pensem em uma forma de diminuir o consumo, de aumentar o trabalho produtivo, de evitar o descarte e de pré-ciclar o que precisa ser consumido.

Essa vivência, por meio de projetos, vai oportunizando o desenvolvimento de valores humanos importantes que poderão ser estendidos tanto para a relação das pessoas com o conhecimento como para a relação com outras pessoas.

Ao ler essas ideias, espero que você não as consuma, simplesmente. Pense sobre qual professor você deseja ser, pense sobre quais alunos você deseja formar, pense se o seu foco será dado no aprender ou no ensinar, pense se deseja ter "a-lunos" – sem luz – ou aprendizes e, principalmente, pense se você deseja que esse mundo continue existindo ou não, já que sua existência depende de que todos os seres humanos eduquem-se no que se refere ao trabalho e ao consumo.

Temas locais

Em cada região do Brasil, existe uma problemática; em cada recanto, um encanto, uma tristeza, uma ameaça; em cada cidade, existem diferentes problemas, e os alunos na escola devem aprender a lidar com as questões referentes à sua cidade.

O que você, como professor, que vive aí, nesse lugar, selecionaria como problemas a serem pesquisados e estudados pelos alunos?

O professor precisa estar ligado aos fatos que ocorrem na vida. É preciso ler os informativos existentes em sua cidade, manter contato com a prefeitura, com os cidadãos que transitam pelas ruas, com as pessoas que cuidam das casas e que lidam com um orçamento apertado, com as pessoas que trabalham em casa e fora dela, com as pessoas que cuidam da limpeza da cidade e muito mais. Nosso livro é, também, feito de páginas vivas; quanto mais nós, professores, fizermos a ponte entre o conhecimento acadêmico e os temas locais, mais significado poderemos dar à aprendizagem e mais trabalharemos com a possibilidade de os alunos conhecerem a sua realidade próxima para transformá-la.

Em temas locais, também é possível tratar de temas referentes a problemáticas ligadas à escola, à sua escola e às salas de aula. Problemas como o lanche, a indisciplina, as relações pessoais, as tarefas de casa, a inclusão, a exclusão e outros podem se transformar em temas transversais, e você pode fazer com que seus alunos entendam que aprender está relacionado à vida e às coisas que fazemos em nosso cotidiano e que, mesmo que seja um conhecimento científico, possui uma função social importante.

Parece um sonho, mas não é. Basta que nós, responsáveis pela educação em todos os âmbitos, queiramos. Se quisermos, lutaremos por nossas ideias, se lutarmos por nossas ideias, encontraremos adeptos, se encontrarmos adeptos, juntos podemos fazer o sonho transformar-se em realidade.

Prezado professor, pergunte-se agora: qual é o grande problema de sua cidade? E de sua escola? Quais são os pequenos problemas que existem bem próximo a você? O que será possível fazer a partir da escola para contribuir com a resolução desses problemas?

Numa cidade que lida anualmente com problemas relacionados a enchentes, por exemplo, o que é preciso saber sobre esse fenômeno? Como os aprendizes podem se prevenir dos incômodos que isso gera? O que é possível ser realizado para conquistar direitos junto às autoridades? Quais contribuições os aprendizes podem dar por ocasião das enchentes? O que é preciso saber em relação a doenças e outros problemas decorrentes do fenômeno? O que é preciso fazer para prevenir alguns problemas, em relação ao lixo, por exemplo. Se, na programação pedagógica, pudermos lidar com problemas reais, certamente a eficiência em termos de aprendizagem e do que fazer com ela aumentará, e muito.

Segundo Dimenstein e Alves (2003), a curiosidade surge quando lidamos com a realidade.

> *Eu estou convencido, pelo menos por enquanto, de que a curiosidade e a aprendizagem acontecem quando estamos lidando com um objeto. O corpo refuga diante de abstrações. As abstrações não são objetos erotizantes, isto é, elas não têm o poder, por si mesmas, de provocar o pensamento. [...] Um objeto é um centro de curiosidade a propósito do qual as mais variadas perguntas podem ser feitas. Os saberes, entidades abstratas, só têm sentido quando ligados a um objeto. Em si mesmos, desligados de objetos, falta-lhes o poder erótico de sedução. Um objeto ou um projeto é um lugar por onde cruzam os mais diferentes tipos de saber. Aqui acontece a interdisciplinaridade que o próprio objeto ou projeto exige.*

Vivenciar soluções de problemas próximos é, sem dúvida, um excelente modo de aprender na escola. É preciso descobrir objetos que despertem a curiosidade e encontrar a forma de apresentá-los aos aprendizes, certamente a partir de perguntas, para que os saberes e os não saberes possam entrar em movimento e transformarem-se em aprendizagem necessária para a solução dos problemas da realidade concreta e virtual, bem como nas ideias.

Os temas locais podem ser ricas fontes de ensino e aprendizagem no interior da escola.

Síntese do capítulo

Neste capítulo, tratamos dos temas propostos pelos PCN para serem trabalhados na escola como temas transversais.

Propusemos uma "revisita" aos temas transversais, publicados pelo Ministério da Educação do Brasil, em 1997, a partir dos objetivos previstos nos

PCN para cada um deles, da reflexão já realizada por mim em 2002, de toda a minha vivência acumulada em quase 40 anos dedicados à educação, dentro e fora da escola, bem como das novas reflexões sobre o assunto realizadas após 2002.

Os temas transversais discutidos neste capítulo foram: ética, pluralidade cultural, meio ambiente, saúde, orientação sexual, trabalho e consumo. Além disso, tratamos também da importância de trabalhar com os temas locais.

Demos ênfase maior na discussão sobre a ética, já que acreditamos que essa é uma das grandes falhas existentes na formação dos seres humanos nos dias atuais. A idealização dos temas transversais foi uma importante contribuição para a construção de cidadãos, de seres humanos capazes de viver e conviver de forma mais consciente. Sendo assim, não poderíamos deixar de sublinhar o tema ética, aquele que possui enorme relevância nessa questão. Os outros temas, igualmente importantes, urgentes em todo o território nacional, só terão os efeitos esperados se forem apoiados na ética necessária nas relações humanas.

O tema pluralidade cultural coloca-nos em contato com o assunto da diversidade, tão importante em várias instâncias da vida, principalmente quando tratamos de educação especial. O meio ambiente, pensado numa visão sistêmica e complexa, exige que os aprendizes não se sintam superiores, mas sim partes integrantes do ambiente. O ambiente não está a serviço dos humanos, nós é que fazemos parte desse ambiente, somos uma ínfima parte e, se quisermos conservar as espécies, inclusive a nossa, precisamos preservá-lo. A saúde é discutida como algo além da prevenção e da cura de doenças, mas vista como a busca de qualidade de vida nos âmbitos biológico e cultural. A sexualidade é trazida como uma matéria a ser estudada para a vida, para melhorar as relações humanas. A consideração de que os gêneros complementam-se supera a visão de sexos opostos que vivem querendo provar a sua superioridade um sobre o outro. Outro aspecto discutido nesse tema é a necessidade de tratar de assuntos referentes ao sexo com naturalidade. Trabalho e consumo é um tema atual que está relacionado à preservação ambiental, à melhoria das relações humanas e ao sentido da aprendizagem e do conhecimento em nossas vidas. Os temas locais foram colocados como elementos fundamentais para a aprendizagem, já que podem torná-la significativa e despertar a curiosidade dos estudantes, o que ajuda na instrumentação para intervir na realidade concreta.

Indicações culturais

A seguir, sugerimos alguns CDs e livros que servem para aprofundar os temas tratados neste capítulo e auxiliar nas questões aqui discutidas.

CDs

TOQUINHO; ANDREATO, E. **Direitos da criança**. Manaus: Sonopress, 1993. 1 CD.

BARDOTTI, S.; ENRIQUEZ, L. **Os saltimbancos**. Tradução e adaptação de Chico Buarque. Manaus: Polygram, 1993. 1 CD.

> *Tema: Ética* – Direitos da criança, *de Toquinho e Elifas Andreato;* Os Saltimbancos, *com adaptação de Chico Buarque, é uma fábula musical inspirada no conto* Os músicos de Bremen, *dos Irmãos Grimm.*

BEDRAN, B. et al. **Girafulô**. Coral Pingo de Luz. Manaus: MCD World Music, 2000. 1 CD.

TOQUINHO. **Casa de brinquedos**. Manaus: Polygram, 1995. 1 CD.

MORAES, V. de et al. **Pra gente miúda**. Manaus: PolyGram, 1993. 1 CD.

PERES, S.; Tatit, P. **Cantigas de roda**. São Paulo: Palavra Cantada, 1998. 1 CD.

TADEU, E. (Coord.). **Pandalelê**. Brinquedos cantados. São Paulo: Palavra Cantada, 2002. 1 CD.

A música do mundo. São Paulo: Abril, 2005. 25 CDs. (Coleção Caras).

> *Tema: Pluralidade cultural* – Girafulô, *do coral Pingo de Luz, com cirandas e cantigas de roda;* Casa de Brinquedos, *de Toquinho;* Pra gente miúda, *reunindo várias canções infantis de compositores brasileiros;* Cantigas de roda, *do selo Palavra Cantada, que reúne canções folclóricas*

do Brasil; Brinquedos cantados, *do selo Palavra Cantada, que reúne o trabalho do Laboratório de brincadeiras Pandalelê, em Belo Horizonte;* A música do mundo, *coleção da Revista Caras.*

SILVA, P. (Coord.). **Terra sonora**. Rio de Janeiro: Sony Music Entertainment, 1997. 2 CDs.

_____. **Terra sonora**. Continentes. Rio de Janeiro: Sony Music Entertainment, 2001. 1 CD.

GULIN, R. **Tempestade**. Manaus: Sonopress, 2003. 1 CD.

SERRAT, S. M.; Bello, J. **O semeador de sonhos**. Curitiba, 2000. Produção independente. 1 CD.

Tema: Meio ambiente – Grupo Terra Sonora *e* Terra Sonora: Continentes, *que reúne música vocal e instrumental de várias regiões do mundo;* Tempestade, *de Rogério Gulin, mostra a viola de dez cordas;* O semeador de sonhos, *de Susi Monte Serrat e João Bello.*

PERES, S.; TATIT, P. **Canções de brincar**. São Paulo: Palavra Cantada, 1996. 1 CD.

MONTENEGRO, O. **Vale encantado**. Manaus: Videolar, 1997. 1 CD.

Tema: Saúde – Canções de brincar, *do selo Palavra Cantada, com canções inéditas para brincar;* Vale encantado, *de Oswaldo Montenegro.*

Livros

SALGADO, S. **Terra**. São Paulo: Companhia das Letras, 1997.

Tema: Ética – Terra, *de Sebastião Salgado.*

URBAN, J. **Demarcação temporal**. 40 anos de fotografia. Curadoria de Jussara Salazar. Curitiba: Museu Oscar Niemeyer, 2006.

ARAÚJO, E. (Curad.). **Para nunca esquecer**. Negras memórias, memórias de negros. O imaginário luso-afro-brasileiro e a herança da escravidão. Curitiba: Museu Oscar Niemeyer, 2004.

Tema: Pluralidade cultural – Demarcação temporal, *com fotografias de*

João Urban; Para nunca esquecer, *trata do imaginário luso-afro-brasi-leiro e a herança da escravidão, publicado pelo Museu Oscar Niemeyer, de Curitiba.*

PERIC, T. **Se o jardim voasse não seria jardim, seria avião.** São Paulo: Edições Serviço Educativo do MASP, 1997.

SALGADO, S. **Terra.** São Paulo: Companhia das Letras, 1997.

Tema: Meio ambiente – Se o jardim voasse não seria jardim, seria avião, *de Thereza Peric;* Terra, *de Sebastião Salgado.*

QUINTANA, M. **Lili inventa o mundo.** São Paulo: Global, 2005.

QUEIROZ, R. de. **Cenas brasileiras.** 9. ed. São Paulo: Ática, 2003. (Para gostar de ler).

Tema: Orientação sexual – Lili inventa o mundo, *de Mário Quintana;* Cenas brasileiras, *de Raquel de Queiroz.*

KIRINUS, G. **Se tivesse tempo / Si tuviera tiempo.** São Paulo: Ave Maria, 2000.

JUSTUS, L. **Cidades.** Curitiba: L. Justus, 2005.

GALEANO, E. **De pernas pro ar:** a escola do mundo ao avesso. 8. ed. Porto Alegre: L&PM, 1999.

STALLYBRAS, P. **O casaco de Marx.** Belo Horizonte: Autêntica, 2004.

Tema: Trabalho e consumo – Se tivesse tempo / Si tuviera tiempo, *de Glória Kirinus;* Cidades, *de Lucile Justus;* De pernas pro ar, *de Eduardo Galeano;* O casaco de Marx, *de Peter Stallybrass.*

Atividades de Autoavaliação

1. Assinale a alternativa que melhor caracteriza a trajetória de aprendizagem que você segue ao trabalhar com os temas transversais:
   a) Primeiro questiono a mim mesmo sobre os temas transversais; depois, faço perguntas aos meus alunos. Assim, fico mais tranquilo.
   b) Acredito que, se não souber sobre o tema a ser trabalhado, não posso propô-lo em sala de aula.
   c) É muito difícil saber de tudo. Por isso, sou contra trabalhar com os temas transversais em sala de aula.
   d) Mesmo que não saiba nada sobre o tema, acredito que posso aprender junto dos alunos. Considero importante saber onde encontrar subsídios.

2. Assinale a alternativa que apresenta o principal objetivo desse capítulo.
   a) Trazer apenas informações básicas sobre os temas transversais, obrigatórios no trabalho educativo do ensino fundamental.
   b) Revisar os temas transversais, publicados em 1997, e discutir sua atualidade para utilização no trabalho educativo do ensino fundamental.
   c) Abordar as últimas novidades sobre temas transversais e criticar os temas transversais publicados em 1997.
   d) Posicionar-se a favor de que os temas transversais substituam as disciplinas escolares.

Atividades de Aprendizagem

1. Leia o *Estatuto da criança e do adolescente*. Com base nessa leitura, você poderá aprofundar seus conhecimentos sobre algumas questões éticas em relação à educação. Depois, registre suas conclusões.
   BRASIL. Lei n. 8.069, de 13 de julho de 1990. Dispõe sobre o Estatuto

da Criança e do Adolescente e dá outras providências. **Diário Oficial da União**, Poder Legislativo, Brasília, 16 jul. 1990. p. 13563. Disponível em: <http://www.planalto.gov.br/ccivil/LEIS/L8069.htm>. Acesso em: 30 out. 2007.

2. Leia os fragmentos **a** e **b** a seguir e faça o que se pede:

a) *Lili inventa o mundo*

Pequenos tormentos da vida

De cada lado da sala de aula, pelas janelas altas, o azul convida os meninos; as nuvens desenrolam-se, lentas, como quem vai inventando preguiçosamente uma história sem fim... Sem fim é a aula: e nada acontece, nada... Bocejos e moscas. Se ao menos, pensa Lili, se ao menos um avião entrasse por uma janela e saísse pela outra. (Quintana, 2005, p. 30)

b) *Fomos maus alunos*

Rubem – A coisa que me dá mais esperança é andar pelo Brasil (eu viajo demais) e ver a quantidade de coisas incríveis que as pessoas estão fazendo. Vou dar um exemplo: no Estado de Tocantins, a 400 quilômetros da cidade de Palmas, as crianças e os professores começaram a ficar preocupados com a situação dos velhinhos agricultores. Fizeram, então, um programa de interação entre crianças e velhos. A ideia era que os velhos contassem histórias para as crianças, que ensinassem as crianças a fazer brinquedos, que ensinassem brincadeiras de antigamente. As crianças, por sua vez, ensinariam coisas de computador para os velhos. Aí algo interessante aconteceu. (Dimenstein; Alves, 2003, p. 96)

Agora, reflita sobre a seguinte questão: o que você pode fazer para que um "avião entre em sua sala de aula" e algo interessante possa acontecer? Como você pode trabalhar essa questão com o apoio dos temas transversais?

3. Faça um levantamento dos problemas existentes na sua escola e selecione aqueles que seus alunos podem ajudar a solucionar. Pense em como você poderia propor a ponte entre a realidade e o conhecimento a ser aprendido.

Atividades Aplicadas: Prática

Organize em seu *portfólio* os registros dos relatos, figuras, fotos etc. referentes ao trabalho realizado com os alunos em relação às questões propostas a seguir.

1. Você percebeu que existem sete grandes objetivos voltados para a discussão da ética na educação escolar? Busque no cancioneiro da sua região músicas ou poesias que possam ser trabalhadas com os alunos e que abordem os seguintes temas: justiça, respeito, solidariedade e cooperação, participação social, diálogo, autoimagem, projetos de vida e valores que nos auxiliam a tomar determinadas posições. Depois explique aos alunos como eles podem utilizar esses temas em sala de aula. Registre essas informações em fichas e guarde-as em seu portfólio.

2. Leia a frase a seguir, usada pela mídia para vender sapatos e reflita sobre ela.

   Amor é troca, é sinônimo de dar e receber; presentear é gratificante, é um ato de admiração e carinho; mas o melhor presente é aquele que aguça os olhos e o coração.

   Você acredita que isso é verdade? É possível apelar para o amor para vender sapatos? De que outra forma, nós, professores, podemos demonstrar admiração e carinho pelas pessoas que amamos quando não podemos presenteá-las? Por que um presente precisa aguçar os olhos? Ele não pode apenas aguçar o coração, já que se está falando de amor? Pesquise, em sua cidade, frases que são utilizadas pelo comércio para vender determinados produtos. Depois, registre em fichas suas impressões e dos alunos sobre essas frases.

3. Primeiro, faça as seguintes perguntas aos alunos: algum de vocês já ficou doente? Quais doenças vocês já tiveram? O que vocês fizeram para melhorar? Em seguida, registre essas informações no quadro de giz, separando-as em três colunas. Em uma delas, anote o nome do aluno; na

outra, anote o nome das doenças; e, na terceira, anote o nome dos remédios ou qualquer outra forma de cura utilizada. Depois, registre esse levantamento em fichas e guarde-as em seu portfólio. Esse levantamento é um recurso utilizado para despertar o interesse dos alunos a pesquisar sobre esse assunto.

4. Proponha aos alunos que reflitam sobre como seria uma cidade saudável e solicite que eles, em grupos, representem essa cidade por meio de uma pintura, modelagem, escultura ou outra forma de manifestação da arte. Guarde o registro de seus alunos em seu portfólio. Organize uma exposição das obras de arte criadas por eles e convide a comunidade para visitá-la e conhecer tais pensamentos sobre o tema.

5. Peça que os alunos façam um círculo e sentem. Depois, faça as seguintes perguntas: vocês sabem em que dia nasceram? Como foi o dia de seu nascimento? Por que receberam esse nome? Diga para os pais que você vai fazer essa pergunta e que gostaria que eles contassem aos filhos não só os fatos, mas o sentimento que tiveram naquele dia. Outra atividade que pode ser proposta aos alunos é pedir que eles perguntem aos pais como se conheceram e por que resolveram ter filhos. Depois, registre essas informações em fichas e guarde-as em seu portfólio.

6. Sugira aos alunos a criação de um livro das histórias contadas por eles sobre o seu nascimento. Eles poderão ilustrá-lo com figuras produzidas por eles nas aulas de Artes utilizando diversas técnicas. Prepare-se para responder às perguntas dos alunos sobre o desenvolvimento sexual, pois provavelmente eles farão alguns questionamentos sobre isso. Registre em uma ficha as perguntas e respostas dos alunos e guarde-a em seu portfólio. Lembre-se de que, em qualquer tipo de aprendizagem, devemos responder às perguntas dos alunos sem pensar que devemos ir além dela. O aluno, ao fazer perguntas, demonstra seu interesse pelo assunto, e toda informação que for além do seu interesse não é importante para ele.

7. Programe uma visita com os alunos a um armazém, venda, feira ou qualquer outro tipo de comércio e proponha que eles pesquisem valores, datas de validade dos produtos e outras informações que você considere pertinentes ao tema consumo. Depois, discuta com eles o grau de necessidade desses produtos para a vida daquela comunidade. Pesquise sobre quais tipos de alimentos os alunos e seus familiares consomem. Organize os dados coletados e represente-os por meio de gráficos. Por exemplo: esses dados podem representar quantidades, frequências ou qualquer outro aspecto que você considere importante para o estudo do tema em questão. Depois, arquive o resultado de sua pesquisa em seu portfólio.

Temas transversais

capítulo 3

temas transversais e educação especial

Sabemos que os temas transversais não são prerrogativa da educação especial, mas foram escolhidos por tratarem da diversidade, trazerem a realidade para a discussão e auxiliarem na significação da aprendizagem.

Por isso, neste capítulo, continuamos a abordar os temas transversais, mas destacando três relações possíveis com a educação especial, citadas a seguir.

- o tema transversal como forma de trabalho com alunos com necessidades educacionais especiais;
- a educação especial como tema transversal;
- discussão sobre a seguinte questão: inclusão ou educação para a diversidade? Esse questionamento é muito importante em tempos de inclusão.

Utilização do tema transversal no trabalho com alunos com necessidades educacionais especiais

Provavelmente vocês já aprenderam algo sobre os alunos que possuem necessidades educacionais especiais e, certamente, já sabem que a maioria deles precisa de materiais diferenciados para aprender. No entanto, apesar de suas limitações, esses alunos podem aprender os mesmos conteúdos que os outros.

Pessoas que apresentam dificuldades visuais precisam de lentes, de materiais escritos com uma letra de tamanho maior, em negrito, de máquina braille, de *soroban* (ábaco japonês), de material em alto relevo, de modelos em miniatura, de computadores que falam, de impressoras que imprimem em braille, para aprenderem exatamente o que todos os outros vão aprender. Da mesma forma, pessoas que apresentam dificuldades auditivas têm necessidade de trabalhar com alguns materiais adaptados. Porém, principalmente, têm uma linguagem própria que precisa ser compartilhada com todos da sala de aula. Todos têm algo a aprender: deficientes físicos precisam de acessos facilitados nos prédios escolares, mas sua capacidade de aprender não é prejudicada por sua limitação física.

Você pode concluir que, nos casos citados, a aprendizagem dos temas transversais pode ser realizada igualmente. No entanto, é preciso entender que a criança, o adolescente ou o adulto necessita de adaptações nos materiais, na linguagem, bem como nos recursos a serem utilizados, e não no conteúdo. Não existe uma dificuldade para aprender, mas sim uma dificuldade de acesso àquela aprendizagem.

Entretanto, uma das necessidades educacionais especiais existentes está relacionada às pessoas que apresentam defasagens no nível de pensamento, caracterizando detenção ou lentificação no seu desenvolvimento mental, dificultando a assimilação dos conteúdos, mesmo daqueles compreendidos por pessoas da mesma faixa etária. Nesses casos, o conteúdo da aprendizagem precisa, sim, de uma abordagem diferenciada para que o aprendiz possa aprender. Os temas transversais podem ser utilizados para que a aprendizagem possa ter um significado maior.

Vamos pensar numa criança que apresenta um atraso cognitivo de, mais ou menos, quatro anos de idade; com dez anos, encontra-se na 3ª série, aprendendo sobre operações matemáticas com divisão. Talvez, para ela, seja muito mais fácil aprender tais operações se for possível relacioná-las a fatos da realidade, como a questão do consumo. O tema transversal vai dando sentido à aprendizagem, serve de ponte entre o fenômeno do consumo e o conteúdo a ser aprendido.

O aprendiz que apresenta um pensamento operatório ainda mais concreto fica mais seguro quando consegue vislumbrar uma situação real e utilizar o conteúdo aprendido de forma aplicada, não apenas teórica. Acreditamos que os fenômenos sociais, vividos no cotidiano do momento histórico, auxiliam-nos no encantamento pelo saber, podemos vislumbrar a realidade e fazer relações a partir dela.

Aprender Ciências trabalhando com o lixo da escola, bem como melhorar essa questão, é a dialética necessária em nossos dias. Crianças com diferentes níveis de inteligência podem ter aprendizagens importantes quando temas da atualidade atravessam, transversalmente, o conteúdo escolar ou o fenômeno social que está movendo as discussões em um determinado momento.

Em 2006, uma novela da televisão trouxe à discussão da sociedade o fato da inclusão de crianças que apresentam deficiências mentais provocadas por síndromes. Uma criança portadora da síndrome de Down saiu na capa de muitas revistas para provocar a reflexão sobre o assunto. É a mídia fazendo a população pensar nos sentimentos e nas possibilidades de aprender de todas as pessoas.

Dimenstein e Alves (2003, p. 62) dizem que hoje é difícil ensinar sem considerar a televisão, o rádio, a internet e o jornal e propõe uma fusão entre o papel do educador e do comunicador. Imagine que o comunicador poderá entrar em sua sala de aula para detalhar suas informações e o professor poderá transformar a sala de aula numa redação de jornal:

> *A ideia que tenho é que a redação de um jornal vai ter de ser uma sala de aula e a sala de aula vai ter de ser uma espécie de redação de jornal, em que as informações vão chegando, você vai traduzindo e depois vai explicando. Acho que a escola do futuro, na verdade, que faz do presente sua grande matéria-prima, é aquela que vai misturar a redação do jornal com a sala de aula.* (Dimenstein; Alves, 2003, p. 62)

Esse movimento é importante para todos, no entanto, no caso de crianças com rebaixamentos cognitivos, isso auxilia muito na sua aprendizagem. Numa redação de jornal, nem todos fazem a mesma coisa ao mesmo tempo, mas todos trabalham para produzir a notícia. É isso que deve acontecer quando existem pessoas com necessidades educativas especiais que impeçam o acompanhamento do conteúdo, pois elas podem, perfeitamente, aprender sem serem marginalizadas pelo grupo.

A presença dessas crianças auxilia também a aprendizagem das outras. Em nossa experiência psicopedagógica, encontramos casos de crianças com necessidades educacionais especiais que participam de programas educacionais regulares, que aprendem e promovem a aprendizagem das pessoas com as quais convivem. A transversalidade e a educação para a diversidade têm sido alternativas importantes para que tais pessoas aprendam, como todos aprendemos, na interação com os outros, com sabedoria, fatos e conhecimentos anteriores que já integramos.

• O que chamamos de transversalidade?

É a utilização de temas que caminham transversalmente ao conteúdo trabalhado. Assuntos como: meio ambiente, saúde, consumo, pluralidade cultural e temas locais podem auxiliar crianças com necessidades educacionais especiais a aprenderem os conteúdos propostos pela escola.

• O que chamamos de educação para a diversidade?

É uma forma de ensinar/aprender na qual existem espaços para que as pessoas possam pensar, fazer escolhas, mostrar suas habilidades, aprender, desenvolver o que lhes falta e experimentar ser autor de sua própria aprendizagem.

Quando a sala de aula é composta de forma a possuir ambientes variados de trabalho, quando a rotina escolar propõe momentos de trabalho com todos juntos e momentos de trabalho em grupos menores, já previamente determinados ou por escolha, temos uma proposta de educação para a diversidade. Quando temos uma consigna (comando de atividade) que explica o que deve ser feito, mas deixa espaço para a escolha dos alunos, temos uma mostra de educação para a diversidade. Quando temos uma prova que possui questões optativas a serem resolvidas, ou seja, a possibilidade de escolher um determinado número de questões entre uma quantidade maior, temos uma proposta de avaliação de educação para a diversidade. Nessas propostas, todos podem fazer de forma diferente; não são apenas aqueles que possuem uma desvantagem que se destacarão por precisarem fazer diferente.

Nesse sentido, a educação para a diversidade parece superar o que temos chamado de **inclusão**. Nela, incluímos alguém que estava excluído em um grupo e esperamos que ele se adapte. Na educação para a diversidade, consideramos todas as diferenças existentes em um grupo e temos uma visão de que tais diferenças podem enriquecer a aprendizagem em um espaço coletivo ao mesmo tempo em que existe o espaço para que as individualidades sejam consideradas e avaliadas, sem uma visão massificadora do que seja aprender.

Educação especial como tema transversal

A educação especial pode ser um tema transversal em comunidades nas quais existam muitas pessoas que possuem necessidades especiais.

As pessoas, de forma geral, têm dificuldades, aparentes ou não, e precisam pensar sobre o que é educação especial, o que é preciso para que aconteça, sobre serviços que presta para a comunidade, que tipo de clientela ela abrange, sobre os espaços do país onde acontece, quais programas desenvolve no país e nas localidades, qual a formação dos profissionais que nela atuam, qual a verba destinada para esse segmento da educação nos governos federal, estadual e municipal.

Nesse tema transversal, pode-se provocar a discussão sobre uma pluralidade que não é cultural, mas sim humana. Nós, seres humanos, somos diferentes em vários aspectos, em alguns, porém, em que se esperava que todos apresentassem os mesmos elementos e o mesmo funcionamento, pela constituição da espécie, podemos nos diferenciar por questões hereditárias, congênitas ou acidentais.

Alguns de nós não enxergam, outros não ouvem, outros não andam ou apresentam distorções em membros superiores, alguns apresentam níveis de intelectualidade aquém do esperado para a maioria das pessoas, há os que são gordos em demasia, os que emagrecem demais, aqueles que possuem baixa imunidade e estão sempre doentes, os que contraem uma doença incurável. Todos apresentamos diferenças. Algumas dessas diferenças são o alvo da educação especial e outras não. De qualquer forma, precisamos levar para os alunos esse tema, pois as pessoas diferentes são, normalmente, marginalizadas, e a educação precisa garantir que crianças sejam crianças, independentemente de sua semelhança ou diferença com outras, e que pessoas sejam pessoas. Elas podem permanecer escondidas atrás de rótulos que, por preconceito, afastam-nas de seus grupos originais.

Toda educação deveria ser especial, pois somos todos seres humanos e, por isso, especiais. Em nosso país, infelizmente, a educação especial ainda não tem o *status* que gostaríamos que tivesse. A educação especial ainda corre paralela à educação regular, apesar dos avanços, ainda é vista como a prima pobre, que precisa de ajuda e solidariedade daqueles que são considerados "normais".

Precisamos aprender: nós que enxergamos, por exemplo, podemos crescer a partir do contato com pessoas que não enxergam. Não precisamos ser solidários com elas como um favor, como uma benesse, mas devemos tratá-las como pessoas que são, independente de sua não visão. Elas podem precisar de nós, e nós podemos precisar delas; elas poderão nos ajudar, e nós poderemos ajudá-las, mas sua condição, em momento algum, faz com que elas sejam menos do que nós como pessoas; somos humanos igualmente, e é isso que precisa ser considerado. Como humanos, somos frágeis, interdependentes e sempre precisamos uns dos outros.

Por que, então, uma educação especial?

Nossa educação geral deveria dar conta de todas as possíveis diferenças em nossa espécie, nas diferentes culturas. Por que precisamos de uma educação especial, de regras especiais para negros, de associações de homossexuais?

Certamente, para não sermos tratados como massa, é necessário que nos diferenciemos e que façamos parte de grupos por semelhanças. Porém, tais grupos não podem ficar fechados em si, por isso precisamos integrá-los como possibilidades de agrupamentos humanos. O que nos torna iguais é o fato de sermos humanos; o que nos diferencia são variados aspectos que precisam ser reconhecidos, mas não supervalorizados a ponto de esconder pessoas atrás de rótulos.

O caso a seguir exemplifica a afirmação.

Uma professora de educação infantil, em Morretes (PR), foi premiada por desenvolver um projeto que objetivou fazer as crianças experimentarem as faltas. Em um dia, elas passaram um tempo com venda nos olhos, tendo de realizar as coisas sem ver. Em outro dia, tinham algodão nos ouvidos e mal ouviam o que a professora falava. Houve um dia em que tinham as pernas amarradas uma à outra, por um tempo, e assim por diante. Experimentar, viver a falta possibilitou que as crianças entendessem mais o que acontece com aquele que é privado de algum sentido ou de algum membro de seu corpo.

Essa vivência e a conversa desenvolvida depois puderam auxiliar no processo de valorização humana e na consideração de que somos iguais como humanos e diferentes como indivíduos. Somos todo e parte ao mesmo tempo, temos uma história que, necessariamente, diferencia-nos, mas que nos coloca pertencente do grupo dos humanos.

Para imaginar como seria a educação especial como tema transversal, poderemos esmiuçar um pouco mais os objetivos previstos, citados e comentados a seguir.

- **Considerar humanos todos os representantes de nossa espécie, independente das diferenças físicas, emocionais e mentais que possam apresentar.**

Já vi pessoas rejeitando outras como se fossem feitas de outra "massa" que não a humana. Ser diferente é nosso destino, e isso não nos torna menos humanos. As diferenças nos possibilitam crescer, aprender e conhecer. Se nascêssemos com todos os comportamentos programados, seríamos exatamente iguais, o que nos tornaria seres sem criatividade. Ora, se a diferença possibilita-nos crescer, por que teimamos em querer que todos sejam iguais a nós? Provavelmente, por sermos seres egoístas, colocamos a nós mesmos no centro do mundo e queremos acreditar que só é bom, normal ou certo, quem for como nós. Aqueles que fogem à imagem que fizemos como ideal são menos considerados.

Percebemos, em nossa evolução histórica, dois movimentos anteriores ao que estamos propagando. Um deles, ocorrido na pré-história, no qual as pessoas viviam de forma indiferenciada, não percebiam suas diferenças e agiam regidas mais pelos instintos do que por alguma ação que decorresse de uma percepção das diferenças. Acredita-se que a mulher que engravidava naquela época não sabia que a criança que trazia em seu ventre era gerada a partir de uma relação sexual com um homem. Ela pensava que o filho surgia em seu ventre pelo fato de ter entrado no mar e, por isso, considerava a prole como propriedade sua, não envolvendo homem algum na organização de sua família. Isso denota o grau de indiferenciação existente. O outro movimento é aquele em que a evolução da humanidade, aos poucos, permitiu que as diferenças fossem percebidas, porém a percepção ainda é imatura e as diferenças são interpretadas como uma oposição negativa. Homens e mulheres competem; reis e plebeus rejeitam-se uns aos outros; bem e mal são incompatíveis. Nesse panorama de discriminação, as deficiências passam a ser vistas como anomalias que precisam ser eliminadas ou afastadas do convívio daqueles que se consideram normais e superiores a quem não seja.

Atualmente, do ponto de vista histórico, estamos em um momento mais evoluído, portanto, o movimento não é mais o de não perceber nem o de perceber e competir, mas o de enxergar as diferenças e aceitá-las como complementares, e não como algo a ser afastado.

Nesse sentido, o preconceito que denigre tende a ser enfraquecido, e todos são considerados humanos, diversos e complementares. É isso que queremos que nossos alunos aprendam.

- **Entender as diferenças como características também humanas.**

Ser humano é fazer parte de um complexo de muitos elementos, no qual convivemos todos, cada qual com sua função. Assim Galeano (1999, p. 335) comenta, ao descrever o pensamento dos indígenas dos Andes.

> *Somos parentes de tudo que brota, cresce, amadurece, cansa, morre e renasce. Cada criança tem muitos pais, tios, irmãos, avós. Avós são os mortos e as montanhas. Filhos da terra e do Sol, regados por chuvas fêmeas e chuvas machos, somos todos parentes das sementes e dos grãos, dos rios e das raposas que uivam anunciando como será o ano. As pedras são parentes das cobras e das lagartixas. O milho e o feijão, irmãos entre si, crescem juntos sem problemas.*

Ser humano é fazer parte do universo e ter consciência da nossa humildade diante de sua grandeza. Muitos de nós, apesar de humanos, não exercitamos essa possibilidade e acreditamo-nos superiores, inclusive de outros humanos que apresentam suas diferenças com mais ênfase. No entanto, se formos analisar detalhadamente, todos somos diferentes, pois é justamente essa diferença que faz parte da constituição de todas as espécies que compõem o planeta.

Não há rios iguais, mas todos são rios; os felinos são diferentes entre si, mas todos são felinos; o feijão e o milho são diferentes, mas continuam sendo grãos. Assim também é conosco, nossas diferenças fazem parte da nossa humanidade. Somos diferentes em uma porção de coisas, inclusive em nossos potenciais, mas continuamos sendo humanos.

Leonardo da Vinci, por exemplo, não era mais humano que nós por ser o gênio que foi; um governante de um país da América do Norte não é mais humano do que um cacique de uma tribo do sul; quem enxerga não é mais humano do que aquele que não vê; quem é magro não é melhor em sua humanidade do que aquele que é gordo. As diferenças fazem parte da constituição de nossa espécie, porém, ainda não amadurecemos o suficiente em para entender que as diferenças são características também dos seres humanos. Assim como somos parentes de tudo que há no universo, como acreditam os indígenas dos Andes, somos parentes de todos os representantes da espécie humana; nem melhores nem piores, mas diferentes.

- **Compreender que as pessoas diferentes podem interagir e tornar-se mais inteiras, complementando-se entre si.**

Quando podemos interagir com alguém diferente de nós, temos a oportunidade rara de desenvolver a nós mesmos. Digo rara porque nós, seres humanos, temos a tendência de buscar nossos pares assinalando nossas semelhanças. Eu, por exemplo, reúno-me com educadores psicopedagogos por ser uma educadora e uma psicopedagoga, converso com pessoas diabéticas por ser diabética e ter muito assunto para trocar. No entanto, aprendo mais, muito mais, quando dialogo, por exemplo, com artistas que, na sua diferença, mostram-me o mundo por outro ângulo. Tenho muita vontade de ser artista, quando essas trocas ocorrem, porém, tenho consciência de que é essa diferença que faz crescer a mim e, certamente, ao meu interlocutor também.

O mesmo acontece quando interagimos com alguém que apresenta necessidades educativas especiais por possuir alguma diferença inesperada no meio em que vive. A convivência de uma família com o filho que possui síndrome de Down, por exemplo, é enriquecedora para todos, sem dúvida alguma. A criança, ao ser aceita, encontra um espaço de desenvolvimento especial e pode crescer em todas as possibilidades que forem estimuladas e mobilizadas pelos outros e por ela. A família pode desenvolver uma percepção, uma sensibilidade, uma forma de tratar as pessoas à sua volta que não teriam sido desenvolvidas da mesma forma se essa criança não tivesse nascido.

Portanto, todos ganham, aprendem e crescem, e ninguém deve se sentir melhor do que ninguém em relação alguma.

Quando interajo com alunos e clientes que trazem para nossa atividade a sua diferença, com muita força e intensidade, tenho de admitir que aprendo muito, mesmo sabendo que o que é esperado de mim é que eu ensine. Tenho consciência de que tudo o que posso escrever nessas páginas, tudo o que sei e que posso transmitir, atualmente, toda a compreensão e respeito que trago em meu coração eu devo, em grande parte, aos meus alunos e clientes que, com suas diferenças, colocaram-me para pensar, para sentir, para respeitar e para cooperar na busca de saídas para todas as inquietações, minhas, deles, de todos nós.

Por outro lado, também sei que a convivência deles comigo e com outras pessoas que puderam ser verdadeiras nessa interação auxiliou-os e muito em seus exercícios de vida, a fim de completarem-se cada vez mais, mesmo sabendo que ser humano é sempre ter um grau de incompletude.

- **Viver as dificuldades, colocando-se no lugar dos outros**.

O exercício mais difícil para todos nós, seres humanos, é o da alteridade, de colocarmo-nos no lugar do outro, de tentar ver, sentir, pensar na perspectiva do outro para compreender sua reação, palavras, encaminhamento naquele momento.

É muito fácil brigarmos com uma criança porque ela não fez a lição, por exemplo, mas é importante que a compreensão de por que ela não a fez apareça na interação.

Um dia, uma mãe me contou que ficou muito irritada com sua filha quando recebeu um bilhete da professora dizendo que a menina não havia feito a lição. Diante disso, a mãe chamou a filha e fez uma série de imposições que passariam a vigorar a partir daquele dia. Depois de muito tempo, quando a filha conseguiu falar, ela compreendeu que o fato de terem um compromisso no dia anterior impediu-as de voltar para casa, como haviam combinado, e interferiu na realização da tarefa de sua filha: não houve tempo hábil para que ela fosse realizada. A situação de estresse poderia ser evitada, certamente, se a mãe

fizesse uma simples pergunta à filha: por que você não fez a lição? Essa pergunta permitiria que ela pudesse se colocar no lugar da filha e entender o que havia acontecido, sem acusá-la instantaneamente.

Esse relato mostra claramente o que precisamos fazer frente às diferenças apresentadas por pessoas que possuem faltas que não possuímos. Como é caminhar sem enxergar? Como é assistir a uma aula sem poder ouvir o que está sendo dito? Como é possuir um rebaixamento cognitivo e ser afastado das pessoas que não o possuem? Como é ter de escrever sem ter o braço dominante? Como é ler sem conseguir perceber mínimas diferenças nos sinais gráficos utilizados? Também precisamos ensinar às pessoas que possuem faltas a compreenderem a reação de quem não as possui. Como é esperar para quem é acelerado e tem as duas pernas perfeitas? Como é ficar sem fazer para quem é especialista no assunto e, com pouco esforço, pode resolver a situação? Como é ficar calado para quem tem suas funções de fala perfeitas?

O exercício da alteridade faz com que todos nós coloquemo-nos em iguais condições e não precisemos sentir pena do outro, achemo-nos superiores ou inferiores a ele ou mesmo vítimas de alguma situação. Esse exercício coloca-nos frente à nossa condição de sermos humanos e, por isso mesmo, incompletos, mas capazes de compreender e respeitar as diferenças existentes na nossa relação com o outro.

- **Conhecer os serviços da comunidade que atendem às mais diversas diferenças.**

Outro objetivo que pode ser atingido ao utilizarmos a educação especial como tema transversal é o conhecimento das situações reais e práticas que existem em nossa comunidade para o atendimento das faltas existentes que anunciam para os sujeitos as necessidades educativas especiais.

Durante o desenvolvimento do trabalho, é possível fazer um levantamento na comunidade sobre os serviços preventivos e curativos no hospital da cidade, na Secretaria de Saúde do município, na Secretaria de Educação e em outras instituições, como associações, institutos e ONGs que se preocupam com a melhoria da qualidade de vida de todos os seres humanos.

Muitos alunos podem ser veículos da melhoria de vida das pessoas que vivem em seu entorno se forem informados sobre os serviços que a comunidade oferece para quem possui necessidades de vida e educativa especiais.

- **Conhecer alguns recursos específicos que são utilizados por pessoas que não enxergam, não escutam, não andam, não possuem seus membros superiores completos não possuem nível de intelectualidade para aprender o que as crianças de sua idade aprendem.**

Muitas vezes, são necessários materiais especiais, e todos nós deveríamos conhecê-los, saber de sua existência, a fim de sermos agentes de informação para aqueles que necessitam e para apropriarmo-nos também de sua utilização quando interagirmos com tais pessoas.

Como educadores, deveríamos aprender as linguagens utilizadas por aqueles que não escutam para podermos lhes ensinar e aprendermos uma outra forma de comunicação; deveríamos aprender a fazer cálculos no *soroban* e a escrever em braille, para ensinarmos quem não enxerga, por exemplo. Devemos aprender e ensinar nossos alunos a desenvolverem a disponibilidade para aprender, quando a interação exigir.

- **Relacionar-se com todas as pessoas, independentemente de suas deficiências.**

Nossos alunos e nós mesmos precisamos desenvolver nossa capacidade de relação, já que vimos que é nesta que conseguimos nos aperfeiçoar como seres humanos.

Os preconceitos precisam ser diminuídos, e todos podem se sentir preparados para interagir com todos. No entanto, quando a pessoa não consegue esse feito por ser diferente, por possuir uma história diferente, com bloqueios que a impedem mesmo que deseje, precisamos ajudá-la a entender essa etapa como um estágio, um momento que pode se modificar paulatinamente.

A ideia não é desenvolver uma máscara que aparente uma falsa disponibilidade para a relação, mas sim a consciência de que seremos tanto melhores quanto mais superações conseguirmos, sem nos culparmos quando isso ainda não for possível. Nossa atitude, como educadores, pode auxiliar crianças e adolescentes a perceberem que essa aprendizagem, como qualquer outra, é um processo.

- **Desenvolver atitude de ajuda nas mais variadas situações do cotidiano.**

Quando falamos de ajuda, não nos referimos a uma ajuda acompanhada de sentimento de superioridade, mas sim de solidariedade. A atitude de ajuda que devemos desenvolver nesse tema transversal é a cooperação, uma atitude de troca a partir da qual todos são beneficiados (quem ajuda e quem é ajudado). No momento seguinte, as posições podem se inverter, sem cristalizar papéis (quem ajuda passa a ser ajudado e vice-versa).

Todos podem sentir-se bem quando a relação de ajuda não envolve o poder, e sim o conviver.

- **Aprender a pedir ajuda sempre que sentir incompetência para resolver determinados problemas.**

Uma das atitudes mais difíceis de desenvolver, para quem tem uma necessidade especial, em qualquer situação da vida em nossa cultura ocidental, é admitir que precisa de ajuda em determinado momento. Para nós, que vivemos mergulhados numa cultura capitalista, é muito mais fácil ajudar do que pedir ajuda. Ajudar significa sermos mais, melhores, mais fortes e mais poderosos, enquanto pedir ajuda significa colocarmo-nos frente a frente com nossa fragilidade, com nosso não saber, com nossa humildade.

Quem tem necessidade de ajuda, de forma mais constante ou não, não pode apenas esperar que o outro descubra suas necessidades, em vez de colocar-se no papel de vítima, deve aprender a pedir ajuda. Cada um precisa descobrir que, ao pedir ajuda, está se colocando no lugar de mortal e que é tão necessitado do outro quanto qualquer ser humano.

Inclusão ou educação para a diversidade?

Acredito que a inclusão seja uma ação que supõe a exclusão e que tanto uma ação como a outra dá àquele que inclui ou exclui um *status* de "melhor".

Tenho presenciado programas de inclusão de crianças e adolescentes com necessidades educacionais especiais que apenas colocam essas pessoas no mesmo espaço e esperam delas que acompanhem o restante do grupo. Isso não é incluir, é mascarar a exclusão. Uma educação inclusiva deve promover mudança nos dois envolvidos: em quem é incluído e em quem inclui. A tarefa de adaptação deve ser de todos; todos são diferentes e necessitam adaptar-se à tarefa comum e aos colegas que a realizam no mesmo espaço pedagógico.

Por isso, acredito que, mais do que uma educação inclusiva, nós precisamos de uma educação para a diversidade. Ela não destaca deficiências nem eficiências dos alunos, mas considera todos os humanos passíveis de serem educados e de aprender. A educação para a diversidade é uma forma de educar que necessita de uma outra concepção de mundo, de ser humano, de educação e de aprendizagem.

Somos diversos, somos humanos, temos uma história que nos diferencia do outro, mas somos pessoas iguais às outras. Possuímos temperamentos diferentes, mas temos possibilidade de conviver; temos conhecimentos diferentes, mas podemos trocá-los; temos fisionomias diferentes, mas podemos nos identificar como pessoas. Dessa forma, somos diferentes e podemos aprender sem deixar nossas diferenças de lado, mas colocando-as a favor de nossa aprendizagem.

Diferenças não são patologias. Quando falamos que temos uma educação para a diversidade, dizemos que estamos aprendendo a conviver, aprendendo sem ser uma massa que aprende toda junta, mas aprender a ser seres humanos que aprendem todos juntos, trocando experiências, ideias e sentimentos.

Uma criança que apresenta uma ou várias necessidades educacionais especiais é, antes de tudo, uma criança que pode aprender com o grupo e pode promover aprendizagem no grupo. Se uma escola apresenta condições de atender a diversidade sem perder de vista o espaço coletivo de aprender, está no caminho da educação para a diversidade.

Na escola em que trabalho, Escola Terra Firme, em Curitiba, recebemos uma menina pré-adolescente que ainda não dominava a linguagem escrita e apresentava uma defasagem cognitiva, segundo os profissionais que a atendiam, de mais ou menos quatro anos em relação à sua idade cronológica. A tendência de todos era colocá-la na 3ª série e ponto. A equipe da escola, no entanto, resolveu atender à sua diversidade e sugeriu um trabalho diferenciado: ela ficaria todos os dias, na 3ª série, e três vezes por semana, na 6ª série, em que conviveria com pessoas de sua idade. Ela acompanharia as aulas fazendo uso de gravador; seus pais ajudariam, oportunizando o contato com filmes sobre os temas estudados na 6ª série, quando fosse possível, conseguindo revistas e falando sobre os conteúdos para que, ao trabalhar em classe, ela pudesse compreender, contribuir e participar da discussão a partir de um repertório anterior. Hoje, essa menina frequenta somente a turma de sua idade e faz estágio ajudando turmas de educação infantil, no período contrário. Ela continua tendo o problema que provocou a defasagem em seu desenvolvimento, mas ousa, pergunta, participa, faz. Ensina a seus colegas o valor da persistência, possibilita o desenvolvimento da paciência, da capacidade de esperar, da capacidade de interagir com todos os tipos de pessoas que existem no mundo; aprende com seus colegas que precisa se concentrar, que chorar não é um bom caminho para aprender, que conversar é uma forma de entendimento e aprendizagem e assim por diante.

A educação para a diversidade ensina que a forma de aprender a conviver é convivendo, a entender a diferença diante da diferença, a resolver problemas quando eles se apresentam. É possível se preparar para o novo, quando ele chega. Até então, o novo é apenas uma possibilidade, mesmo que o tenhamos enfrentado na imaginação. A imaginação aceita tudo, mas o realmente novo nos impõe realidade, por isso a aprendizagem é real quando nos encontramos diante da vida.

Cada aluno possui dentro de si uma vida. Portanto, precisa ser considerado como alguém especial, já que conseguiu realizar o milagre da vida: estar vivo, poder pensar, falar, criar e amar!

Apesar dessa diversidade, Morin, citado por Pena-Vega, Almeida e Petraglia (2001, p. 49), faz um alerta:

> Podemos compreender que há uma real comunidade de origem dos seres humanos. Há também uma comunidade de identidade, pois em meio à enorme diversidade dos indivíduos, dos caráteres, das culturas, das línguas, há um fundo comum, ou seja, uma aptidão para rir, chorar, sorrir, e, no fundo, a mesma maquinaria em cada cérebro humano.
>
> [...] podemos ter uma identidade, uma pluridentidade concêntrica: sou francês, sou mediterrâneo, sou europeu, sinto-me igualmente cidadão do mundo [...]. Unamo-nos de nossas raízes, aproximemo-nos de nosso destino comum.
>
> Sabem vocês que a solidariedade é uma condição essencial da complexificação da sociedade?
>
> [...] se não o quisermos [o vínculo social] baseado na obrigação e na autoridade, é preciso que ele se apoie em uma coisa diferente, ou seja, em um sentimento vivido, interiorizado, de solidariedade do indivíduo para com o restante de sua pátria, de suas pátrias.

A nosso ver, esta é também uma função da educação para a diversidade: a convivência que pode ajudar a desenvolver o sentimento de solidariedade, no qual o importante não seja ganhar, ser melhor, chegar em primeiro lugar, ter mais dinheiro, mas sim poder conviver, respeitar as diferenças sem ter de eliminá-las nem colocá-las em um ringue ou em uma pista de corrida para que subam num pódio.

Síntese do capítulo

Neste capítulo, tratamos da ponte entre o tema educação especial e os temas transversais sob três óticas: a do trabalho com temas transversais com pessoas que apresentam necessidades educativas especiais; a da transformação do tema educação especial em tema transversal na escola; e a da educação para a diversidade, entendendo-a como uma superação da educação inclusiva.

Indicações culturais

Livros

MATO GROSSO DO SUL. Fundação de Cultura de Mato Grosso do Sul. Secretaria de Estado de Cultura de Mato Grosso do Sul. Governo Popular Mato Grosso do Sul. **Propostas abertas**. Cultura e arte em Mato Grosso do Sul. Campo Grande: FCMS/SEC, 2006.

> Propostas abertas *é um material escrito que acompanha um DVD. É relacionado à utilização de obras de arte na educação e foi organizado por uma equipe da Secretaria de Estado de Cultura de Mato Grosso do Sul, sob a coordenação de Maria Celéne de Figueiredo Nessimian.*

WERNECK, C. **Muito prazer, eu existo**. 4. ed. Rio de Janeiro: WVA Editora, 1995.

DIMENSTEIN, G.; ALVES, R. **Fomos maus alunos**. 3. ed. Campinas: Papirus, 2003.

BARBOSA, L. M. S. **Saberes e sentimentos**. Curitiba: Iesde, 2004. 1 fita VHS NTSC.

> Muito prazer, eu existo, *de Cláudia Werneck, trata da síndrome de Down;* Fomos maus alunos, *de Dimenstein, é uma conversa entre Gilberto Dimenstein e Rubem Alves;* Saberes e sentimentos, *de Laura Monte Serrat Barbosa, é uma brochura na qual estão reunidas poesias da autora, relacionadas ao tema educação, acompanhada de uma fita VHS.*

Atividades de Autoavaliação

1. Assinale a alternativa que mais se aproxima da sua posição em relação à educação especial como tema transversal:

   a) A educação especial terá mais visibilidade se puder se transformar em temas transversais nas comunidades que avaliarem essa ideia positivamente.

b) Entrar em contato com a educação especial será, para alunos e aprendizes, uma oportunidade de crescimento pessoal.

c) Temas transversais e educação especial não combinam. É preciso ensinar aqueles que possuem necessidades educativas especiais de forma mais mecânica.

d) A convivência com pessoas que possuem necessidades educativas especiais pode ser benéfica para todos que participarem desse encontro.

2. Leia o conto a seguir.

Autoaceitação. Ser o que é.

Ouvi contar, um dia, que um rei foi a seu jardim e encontrou árvores, arbustos e flores definhando, secando, morrendo. Indignado, o rei voltou-se para o carvalho e perguntou o que estava acontecendo.

— Ah, majestade, eu estou morrendo porque não posso ser tão alto quanto o pinheiro, respondeu.

O rei escutou depois o pinheiro, que lhe disse:

— Ah, majestade, estou morrendo porque descobri que sou incapaz de dar uvas como a parreira.

Ouvindo a parreira, o rei escutou:

— Ah, majestade, estou morrendo porque não posso desabrochar como a roseira.

O rei continuou a caminhar, até que encontrou uma flor, o amor-perfeito, florido, viçoso como nunca. Ao indagar-lhe sobre sua formosura, o rei ouviu:

— Ah, majestade, se você plantou um amor-perfeito, é porque queria que eu fosse um amor-perfeito. Eu, então, em vez de ficar me comparando com as outras plantas ao meu redor, pensei: "Como não posso ser outro além de mim mesmo, tentarei sê-lo da melhor maneira possível". Assim, relaxei e percebi que eu podia contribuir com a existência apenas com minha singela fragrância.

O amor-perfeito, dessa forma, nos ensinou que: "Somos todos igualmente necessários, cada um no seu lugar. Melhor é a nossa causa". (Rajneesh, 2002, p. 18)

Agora, assinale a alternativa que mais se aproxima da sua opinião sobre a relação do conto com o conteúdo deste capítulo.

a) O amor-perfeito é convencido. Assemelha-se àquele que se acredita melhor que os outros.

b) O carvalho é poderoso e talvez ainda não reconheça esse poder. Assemelha-se à pessoa com baixa autoestima, que não aprende.

c) As diferenças das plantas e a biodiversidade que representam podem tornar o jardim mais alegre e o solo mais rico, pois cada um, sendo diferente, pode contribuir com suas possibilidades para a tarefa comum.

d) Ninguém é melhor do que ninguém. Mesmo sendo seres diferentes, a convivência é possível e a aprendizagem também.

Atividades de Aprendizagem

1. Leia novamente o conto *Autoaceitação* e a seção *Inclusão ou educação para a diversidade* deste capítulo. Depois, reflita sobre as relações que você fez entre esses textos e escreva um conto que aborde a educação para a diversidade.

2. Identifique em seu conto o personagem que pode ser equiparado ao amor-perfeito. Justifique.

Atividades Aplicadas: Prática

1. Reserve um tempo de sua aula para realizar o "momento da venda nos olhos". Peça que os alunos coloquem uma venda nos olhos. Enquanto isso, você dá continuidade à sua aula como se todos enxergassem. Depois, solicite que os alunos façam um círculo e conversem sobre o que sentiram, o que perceberam e o que aprenderam com essa experiência. Registre os relatos dos alunos em uma ficha e guarde-a no seu portfólio.

2. Desenvolva uma atividade com os alunos de olhos vendados. Primeiro solicite que eles se reúnam numa extremidade da sala, ainda sem a venda, e que observem o percurso em linha reta que deverão fazer: atravessar a sala e chegar exatamente em frente ao ponto em que se encontram no início da atividade. Em seguida, peça que coloquem as vendas e, ao som de um apito, cada um por vez, iniciem a caminhada. Quando chegarem ao ponto em que acreditam ser o outro lado, devem parar, tirar a venda dos olhos e ver o grau de distanciamento que obtiveram em relação ao ponto de chegada esperado. Depois, registre suas observações em uma ficha e guarde-a em seu portfólio.

3. Proponha uma atividade de escrita com os alunos de olhos vendados. Depois, analise com eles como utilizaram esse espaço. Em seguida, peça que os alunos registrem suas sensações, pensamentos e dificuldades ao realizar essa atividade. Depois, guarde esse material em seu portfólio.

4. Proponha atividades de mímica, nas quais os alunos não possam falar e tenham de ser entendidos apenas pelos seus gestos. Depois, converse com eles sobre as dificuldades que tiveram ao realizar essa atividade. Registre os relatos dos alunos em uma ficha e guarde-a em seu portfólio. O objetivo dessa atividade é ajudar os alunos a refletirem sobre como seria se não enxergassem, não ouvissem, não andassem, não tivessem uma ou ambas as mãos.

5. Conte aos alunos histórias verdadeiras sobre pessoas que possuem essas faltas e permita que eles contem suas experiências sobre pessoas que conhecem que não possuem alguns dos sentidos abordados ou possuem algumas dessas deficiências. Depois, registre os relatos dos alunos em fichas e guarde-as em seu portfólio. Lembre-se de que o objetivo dessa atividade é desenvolver a humildade, qualidade que faz com que nos percebamos nem melhores nem piores em relação aos outros, mas sim na medida certa, ou seja, iguais em nossa humanidade e diferentes em nossa individualidade.

considerações finais

Os temas transversais são, na verdade, uma forma de colocar em prática a interdisciplinaridade. São necessários na construção do conhecimento, ajudam-nos a ser mais flexíveis, a ter um conhecimento mais amplo, ao mesmo tempo em que nos auxiliam a não perder o foco de ações e atitudes.

Trabalhar com temas transversais é realizar uma prática que nos coloca em comunicação com o presente, com fatos e fenômenos que acontecem no cotidiano, guiados pelo conhecimento já construído historicamente e projetados para um futuro que ainda não conhecemos. Por isso, trabalhar com projetos é uma forma de dar visibilidade à prática educativa com os temas transversais. Projetar faz parte do estudo e da construção do conhecimento, para que possamos resolver os problemas existentes no presente ou para prevenir dificuldades futuras.

No Brasil, temos problemas emergentes, urgentes e variados. Fazer com que os cidadãos tomem conhecimento desses problemas é uma importante tarefa, pois é a partir da conscientização que surgirão soluções para essas questões. Conscientizar o cidadão comum a partir da escola é um dos caminhos possíveis, e o Ministério da Educação acreditou nele quando propôs os PCN e os temas transversais.

Os aprendizes passam a discutir problemas e situações calcados no conhecimento já existente e podem, a partir daí, fazer parte da "ciranda" que busca soluções, que pesquisa a respeito de alternativas e evita o que pode ser evitado.

Portanto, discutir sobre temas como: meio ambiente, consumo, trabalho, ética e outros é uma forma de preparar as pessoas para serem cidadãos no futuro. Então, devemos preparar cidadãos para o momento atual, ou seja, cidadãos que já podem rever sua forma de interação com o país, optando por atitudes éticas em relação à preservação, à saúde e a tudo que possa melhorar nossa qualidade de vida, do grupo, da comunidade e do mundo, tanto no que se refere ao *bios*, quanto ao que se refere à *psique*.

referências

A MÚSICA do mundo. São Paulo: Abril, 2005. 25 CDs. (Coleção Caras).

ALVES, J. Educação para o consumo: um desafio. **Revista Classe**: revista de bordo da TAM, São Paulo, n. 80, p. 34, 2000.

AMADO, J. **O menino Grapiúna**. Rio de Janeiro: Record, 1987.

ARAÚJO, E. (Curad.). **Para nunca esquecer**. Negras memórias, memórias de negros. O imaginário luso-afro-brasileiro e a herança da escravidão. Curitiba: Museu Oscar Niemeyer, 2004.

BAIBICH, T. **Fronteiras da identidade**: o auto-ódio tropical. Curitiba: Moinho do Verbo, 2001.

BARBOSA, L. M. S. **A educação de crianças pequenas**. São José dos Campos: Pulso, 2006.

_____. **PCN**: parâmetros curriculares nacionais. Curitiba: Bella Escola, 2002. (Temas transversais: uma interpretação e sugestões para a prática, v. 2).

_____. **Saberes e sentimentos**. Curitiba: Iesde, 2004. 1 fita VHS NTSC.

BARDOTTI, S.; ENRIQUEZ, L. **Os saltimbancos**. Tradução e adaptação de Chico Buarque. Manaus: Polygram, 1993. 1 CD.

BEDRAN, B. et al. **Girafulô**. Coral Pingo de Luz. Manaus: MCD World Music, 2000. 1 CD.

BETTO, F. **Pátio Revista Pedagógica**, Porto Alegre, n. 13, maio/jul. 2000. p. 31. Entrevista.

BOFF, L. **O casamento entre o céu e a terra**: contos dos povos indígenas do Brasil. Rio de Janeiro: Salamandra, 2001.

_____. **Saber cuidar** - Ética do humano, compaixão pela terra. Petrópolis: Vozes, 1999.

BRASIL. Lei n. 8.069, de 13 de julho de 1990. Dispõe sobre o Estatuto da Criança e do Adolescente e dá outras providências. **Diário Oficial da União**, Poder Legislativo, Brasília, 16 jul. 1990. p. 13563. Disponível em: <http://www.planalto.gov.br/ccivil/ LEIS/L8069.htm>. Acesso em: 30 out. 2007.

BRASIL. Ministério da Educação. Secretaria de Educação Fundamental. **Parâmetros curriculares nacionais**: apresentação dos temas transversais – ética. Brasília: MEC/SEF, 1997a. v. 8.

_____. **Parâmetros curriculares nacionais**: introdução. Brasília: MEC/ SEF, 1997b. v. 1.

_____. **Parâmetros curriculares nacionais**: meio ambiente e saúde. Brasília: MEC/SEF, 1997c. v. 9.

BRASIL. Ministério da Educação. Secretaria de Educação Fundamental. **Parâmetros curriculares nacionais**: pluralidade cultural, orientação sexual. Brasília: MEC/SEF, 1997d. v. 10.

CASCUDO, L. da C. **Lendas brasileiras**. 6. ed. Rio de Janeiro: Ediouro, 2001.

CORALINA, C. **Vintém de cobre**: meias confissões de Aninha. São Paulo: Global, 1997.

CORDIOLLI, M. **Para entender os PCN**: os temas transversais. Curitiba: Módulo, 1999.

DIMENSTEIN, G.; ALVES, R. **Fomos maus alunos**. 3. ed. Campinas: Papirus, 2003.

FAGALI, E. Q. (Org.). **Múltiplas faces do aprender**. Novos paradigmas da pós-modernidade. 2. ed. São Paulo: Unidas, 2001.

FREIRE, P. **Pedagogia da autonomia**: saberes necessários à prática educativa. São Paulo: Paz e Terra, 1996.

GADOTTI, M. Pedagogia da terra e cultura da sustentabilidade. **Pátio Revista Pedagógica**, Porto Alegre, n. 19, p. 10-13, nov./jan. 2002.

GALEANO, E. **De pernas pro ar**: a escola do mundo ao avesso. 8. ed. Porto Alegre: L&PM, 1999.

GAZETA DO POVO. Fraude contra o INSS, no Paraná, tinha esquema em 16 municípios. Curitiba, 02 set. 2006a. Caderno Brasil, p. 13.

_____. MP investiga grupo suspeito de fraude na venda de ambulâncias. Curitiba, 02 set. 2006b. Caderno Brasil, p. 13.

GAZETA DO POVO. Polícia apreende três toneladas de cocaína. Curitiba, 02 set. 2006c. Caderno Mundo, p. 1.

GORE, A. **Uma verdade inconveniente**. O que devemos saber (e fazer) sobre o aquecimento global. Barueri: Manole, 2006.

GULIN, R. **Tempestade**. Manaus: Sonopress, 2003. 1 CD.

IMBERNÓN, F. **Pátio Revista Pedagógica**, Porto Alegre, n. 16, fev./abr., 2001. p. 34-38. Entrevista.

JUSTUS, L. **Cidades**. Curitiba: L. Justus, 2005.

KINAS, F. **Tripas e beleza**. Curitiba: 2006. Catálogo da peça *O bom selvagem*.

KIRINUS, G. **Se tivesse tempo / Si tuviera tiempo**. São Paulo: Ave Maria, 2000.

MATO GROSSO DO SUL. Fundação de Cultura de Mato Grosso do Sul. Secretaria de Estado de Cultura de Mato Grosso do Sul. Governo Popular Mato Grosso do Sul. **Propostas abertas**. Cultura e arte em Mato Grosso do Sul. Campo Grande: FCMS/SEC, 2006.

MONTENEGRO, O. **Vale encantado**. Manaus: Videolar, 1997. 1 CD.

MORAES, V. de. A rosa de Hiroshima. In: MORICONI, I. (Org.). **Os cem melhores poemas brasileiros do século**. Rio de Janeiro: Objetiva, 2001.

MORAES, V. de et al. **Pra gente miúda**. Manaus: Polygram, 1993. 1 CD.

MOREIRA, M. A.; BUCHWEITZ, B. **Mapas conceituais**: instrumentos didáticos, de avaliação e de análise de currículo. São Paulo: Moraes, 1987.

MORIN, E. O pensamento ecologizado. In: MORIN, E.; BOCCHI, G.; CERUTI, M. **Os problemas do fim do século**. Lisboa: Notícias, 1991.

_____. **Os sete saberes necessários à educação do futuro**. São Paulo: Cortez; Brasília: Unesco, 2000.

PENA-VEGA, A.; ALMEIDA, C. R. S.; PETRAGLIA, I. **Edgar Morin**: ética, cultura e educação. São Paulo: Cortez, 2001.

PEREIRA. **Revista Viaje Bem**: revista de bordo da Vasp, São Paulo, p. 38, 2000. Entrevista.

PERES, S.; TATIT, P. **Canções de brincar**. São Paulo: Palavra Cantada, 1996. 1 CD.

_____. **Cantigas de roda**. São Paulo: Palavra Cantada, 1998. 1 CD.

PERIC, T. **Se o jardim voasse não seria jardim, seria avião**. São Paulo: Edições Serviço Educativo do Masp, 1997.

PICHON-RIVIÈRE, E. **O processo grupal**. 3. ed. São Paulo: Martins Fontes, 1988.

QUEIROZ, R. de. **Cenas brasileiras**. 9. ed. São Paulo: Ática, 2003. (Para gostar de ler).

QUINTANA, M. **Lili inventa o mundo**. São Paulo: Global, 2005.

RAJNEESH. Autoaceitação. Ser o que é. In: CARAM, C. A.; MATOS, G. **Caderno de contos**. Belo Horizonte: Projeto Convivendo com Arte, 2002.

RELATÓRIO de Meadows. In: Planeta Sustentável. São Paulo: Abril. (Glossário). Disponível em: <http://planetasustentavel.abril.com.br/glossario/r.shtml>. Acesso em: 26 out. 2007.

SALGADO, S. **Terra**. São Paulo: Companhia das Letras, 1997.

SERRAT, P. T. M. **Sexualidade infantil no século XXI**. Como educar nossas crianças sem inibir e nem desregrar a sexualidade humana. Palestra proferida na Síntese – Centro de Estudos, Aperfeiçoamento e Desenvolvimento da Aprendizagem, Curitiba, 22 ago. 2006.

SERRAT, S. M. Rio Bacacheri. In: BELLO, J. **O parque dos nossos sonhos**. Curitiba: Gráfica Popular, 1999.

SERRAT, S. M.; BELLO, J. **O semeador de sonhos**. Curitiba: [s.n.], 2000. Produção independente. 1 CD.

SILVA, P. (Coord.). **Terra sonora**. Rio de Janeiro: Sony Music Entertainment, 1997. 2 CDs.

_____. **Terra sonora**. Continentes. Rio de Janeiro: Sony Music Entertainment, 2001. 1 CD.

SMOLKA, A. L. B. **A criança na fase inicial da escrita**. São Paulo: Cortez; Campinas: Ed. da Unicamp, 1988.

SNYDERS, G. **A alegria na escola**. São Paulo: Manole, 1988.

STALLYBRASS, P. **O casaco de Marx**. Belo Horizonte: Autêntica, 2004.

TADEU, E. (Coord.). **Pandalelê**. Brinquedos cantados. São Paulo: Palavra Cantada, 2002. 1 CD.

TOQUINHO. **Casa de Brinquedos**. Manaus: Polygram, 1995. 1 CD.

TOQUINHO; ANDREATO, E. **Direitos da Criança**. Manaus: Sonopress, 1993. 1 CD.

URBAN, J. **Demarcação temporal**. 40 anos de fotografia. Curadoria de Jussara Salazar. Curitiba: Museu Oscar Niemeyer, 2006.

WERNECK, C. **Muito prazer, eu existo.** 4. ed. Rio de Janeiro: WVA Editora, 1995.

XAVIER FILHA, C. **Educação sexual na escola:** o dito e o não dito na relação cotidiana. Campo Grande: Ed. da UFMS, 2000.

gabarito

Capítulo 1

Atividades de Autoavaliação

1. Se assinalou as alternativas **a** ou **b**, é possível que você já esteja contaminado com a forma tradicional de dar aulas. Se desejar mudar, pode experimentar algumas sugestões propostas nesse capítulo. Depois, discuta com outros professores sobre o que aconteceu, o que deu certo, o que pode ser melhorado e quais as outras formas que existem para iniciar uma aula, além das discutidas aqui. Se você assinalou o item **c**, mostra não ter encontrado, ainda, uma forma de ensinar/aprender que esteja entre comandar todas as ações do aluno e promover a aprendizagem envolvendo o aluno. Pense sobre essa forma de ensinar: será que é correto ensinar ao aluno somente o que ele já sabe sobre o assunto ou aquilo que ele não sabe o ajuda a crescer e a aprender o conhecimento construído e sistematizado através da história. Se assinalou os itens **d** ou **e**, certamente você encontrou o caminho certo, ou seja, você demonstra que se preocupa com a aprendizagem a ser realizada pelo aluno. Se o aluno estiver envolvido com o tema, demonstrará interesse em aprender, colocará sua curiosidade em ação e vai se transformar em aprendiz.

2. Se assinalou a alternativa **b**, mostra que compreendeu a proposta do capítulo. Agora, se você assinalou as outras alternativas, mostra que você está voltado para questões ligadas a uma visão mais autoritária de ensino.

Atividades de Aprendizagem

1. a) Resposta pessoal.

   b) Resposta pessoal.

2. Resposta pessoal.

Atividade Aplicada: Prática

Resposta pessoal.

Capítulo 2

Atividades de Autoavaliação

1. Se assinalou as alternativas **a** e **d**, você está no caminho certo, pois sabe que precisará empenhar-se, mas que pode conseguir desenvolver um trabalho que realmente faça a ponte entre os conhecimentos escolares e a realidade social. Se você assinalou as alternativas **b** e **c**, ainda mostra insegurança frente ao assunto. Converse com seus colegas de profissão e leia sobre o assunto. Você pode ousar começar por um tema bem simples e observar o interesse dos alunos. Faça isso num dia, sem ter o compromisso de continuar e veja como você se sai e também como os alunos

Temas transversais

se comportam. Critique sua postura e atitude, discutindo com alguém mais próximo. Assim, você dará uma chance a si mesmo de mudar, sem nem perceber essa mudança.

2. Se você assinalou a alternativa **b**, você demonstra ter lido com atenção e interpretado bem o texto desse capítulo. Parabéns! Se você assinalou as alternativas **a**, **c** ou **d**, precisa retomar a leitura do capítulo. Como esse capítulo é longo, ele apresenta muitas nuanças. Sugiro que você releia o texto do capítulo e critique-o, pois talvez você não seja a única pessoa que não entendeu o assunto aqui tratado.

Atividades de Aprendizagem

1. Resposta pessoal.

2. Resposta pessoal. Embora a resposta seja pessoal, se, em suas atividades, você identificou no *Estatuto da criança e do adolescente* pelo menos cinco pontos relativos ao desenvolvimento do tema transversal ética, você encontra-se num bom caminho para ajudar os alunos a fazerem pontes entre o conhecimento escolar e a vida.

3. Resposta pessoal. Os textos lidos mostram-nos que o mundo pode ser mais interessante do que ficar ouvindo alguém falando uma porção de coisas que são vistas como verdade absoluta. Se sua atividade encaminhou-se na direção de busca de estratégias de ensino/aprendizagem, parece que você está se aproximando de um ensino que sabe colocar o foco no aprender.

Atividades Aplicadas: Prática

Respostas pessoais.

Capítulo 3
Atividades de Autoavaliação

1. Se você assinalou as alternativas **a**, **b** ou **d**, mostra que possui uma compreensão sobre a educação especial semelhante à da autora. Isso não significa que esteja mais certo, apenas que compartilhamos pontos de vista semelhantes. Se você marcou o item **c**, possui ideias muito diferentes das defendidas neste material e, portanto, deve repensar sua posição não para tornar-se adepto de outra, mas para fundamentar cada vez mais suas ideias sobre ser humano.

2. Se você assinalou as alternativas **a** ou **b**, pode indicar que você analisa a nova situação com o seu conceito já formado anteriormente, de forma mais rígida. Você permite-se ouvir menos o outro antes de decidir o que é preciso. Se você marcou os itens **c** ou **d**, mostra possuir uma visão mais flexível das situações.

Atividades de Aprendizagem

1. Resposta pessoal. Sugestão de comentário adicional: que bom que você pensou sobre o conto, no entanto, quero comentar algo para que você pense, caso não tenha ainda pensado: O amor-perfeito foi sábio: fazendo o que pode fazer, passa a ser reconhecido como potente; se ele quisesse fazer o que compete a outros ou não diz respeito às suas habilidades, estaria remando contra a maré. Às vezes, nós, como educadores,

propomos aos aprendizes que remem contra suas possibilidades de desenvolvimento.

2. Se você conseguiu criar um personagem que pode ser comparado ao amor-perfeito, você falou de necessidades educativas especiais e de educação para a diversidade.

Atividades Aplicadas: Prática

Respostas pessoais.

Os papéis utilizados neste livro, certificados por
instituições ambientais competentes, são recicláveis,
provenientes de fontes renováveis e, portanto, um meio
responsável e natural de informação e conhecimento.

FSC
www.fsc.org
MISTO
Papel produzido
a partir de
fontes responsáveis
FSC® C103535

Impressão: Reproset
Março/2023